LA GUERRE

ET LA

SOCIÉTÉ DE SECOURS

AUX

BLESSÉS MILITAIRES

DES

ARMÉES DE TERRE ET DE MER

Par le Dʳ Stanislas PIETROWSKI

Membre du Comité médical de la Société

UN FRANC

Vendu au bénéfice de la Société française de Secours aux blessés

PARIS

E. DENTU, LIBRAIRE-ÉDITEUR

PALAIS-ROYAL, GALERIE D'ORLÉANS, 17 ET 19

1870

LA GUERRE

ET LA SOCIÉTÉ DE SECOURS

AUX

BLESSÉS MILITAIRES

DES ARMÉES DE TERRE ET DE MER

Au moment où la Société fondée dans le but de porter secours aux blessés en temps de guerre fait appel au patriotisme et à la générosité publique, il nous paraît être du plus haut intérêt de retracer ce que les Sociétés étrangères analogues, appelées en activité pendant les guerres d'Amérique, de Prusse et d'Autriche, ont réalisé et les services qu'elles ont pu rendre.

Nous avons jugé non moins nécessaire de reproduire le compte rendu méthodique et raisonné des travaux de la Commission générale des délégués de toutes les Sociétés de Secours aux blessés militaires, qui s'étaient donné rendez-vous, en 1867, à l'Exposition universelle, afin d'aviser aux moyens de s'entendre pour produire une action commune.

On n'a qu'à se reporter à cette époque pour se rappeler les hangars décorés de la croix rouge sur fond blanc contenant les nombreux objets concernant le service hospitalier en campagne, envoyés par les divers pays et classés, tout en tenant compte de leur origine, par groupes généraux et pour ainsi dire supérieurs à toute idée exclusive de nationalité.

En prenant connaissance des travaux de la Commission des délégués, le lecteur pourra se convaincre de tous les efforts tentés par elle pour créer entre les nations les rapports et les moyens nécessaires au fonctionnement le plus pratique des diverses Sociétés de secours, et en même temps se rendre compte de toutes les recherches, de tous les procédés découverts pour soulager les blessés sur le champ de bataille.

Quant à la Société française de secours elle-même, sa fondation remonte à l'année 1864. Depuis cette époque jusqu'à aujourd'hui, l'ère de paix que traversa notre pays la laissa forcément inactive[1]; mais surprise par la guerre actuelle, elle s'est mise immédiatement à la hauteur de sa tâche. Elle a fait appel au patriotisme national, et aussitôt les médecins, les volontaires et les donateurs ont répondu à son appel de tous les points de la France.

C'est donc la première fois que la Société française de Secours aux blessés militaires se met activement à l'œuvre. Elle fonctionne depuis un mois à peine, et déjà, grâce au concours et à l'activité aussi généreuse qu'intelligente des médecins les plus distingués, des ambulances sont organisées, et nous sommes heureux de pouvoir en exposer la composition et le mécanisme.

Chaque ambulance se compose, comme personnel actif, des fonctionnaires suivants :

[1] On verra cependant, dans le cours de cet écrit, la part importante qu'elle a prise à l'Exposition internationale du matériel sanitaire, lors de l'Exposition universelle de 1867.

   1 Chirurgien en chef,
   4 Chirurgiens,
 10 Aides-Chirurgiens,
 12 Sous-Aides,
   1 Comptable,
   2 Adjoints.
   1 Aumônier catholique,
   1 Pasteur protestant,
 45 Infirmiers.

Le personnel des médecins est monté.

En outre, sept voitures renfermant le matériel nécessaire à abriter et à donner les soins dans le premier moment a 3,000 blessés accompagnent chaque ambulance.

L'organisation des ambulances maritimes n'aura rien à envier à celle des ambulances de terre. Grâce à la généreuse sollicitude de l'Impératrice, les marins sont maintenant à même de bénéficier de l'organisation générale de la Société de Secours. Un bâtiment spécialement affecté à cet usage desservira la flotte et la débarrassera de ses blessés en les disséminant sur toute l'étendue du territoire. En prévision d'un corps de débarquement, ces ambulances maritimes seront organisées de manière à pouvoir, comme les autres, suivre l'armée.

Avec ces éléments, chaque ambulance pourra, au besoin, desservir tout un corps d'armée. La grande supériorité du programme qui les régit est de répondre entièrement aux idées de la chirurgie moderne : d'abord, en traitant le malade sur place, c'est-à-dire en apportant l'ambulance au blessé plutôt que de porter le blessé à l'ambulance, et en second lieu : dès que les malades pourront être transportés, en évitant leur accumulation dans les hôpitaux, par leur dissémination sur tous les points du pays où des secours leur sont si patriotiquement préparés.

C'est au moyen de l'organisation dont nous venons d'esquisser les bases et grâce au concours empressé des hommes savants et pratiques qui y ont pris part, que la Société française de Secours aux blessés pourra se trouver entièrement à la hauteur de sa noble tâche.

La Société n'a qu'un devoir, et elle n'y manquera pas : Utiliser le mieux possible le dévouement de ses membres, soutenir les ambulances, les tenir bien approvisionnées et faciliter le transport des blessés dans les locaux que les communes ou les particuliers ont mis partout à sa disposition.

Le concours empressé des départements, où se fondent chaque jour des Comités sectionnaires, la générosité enthousiaste du public qui, en dernière analyse, est l'âme de cette œuvre, nous assurent que la Société, forte de tant de dévouement, assise sur de telles bases et profitant en outre de l'exemple des Sociétés qui l'ont précédée, rendra à l'armée française les services que réclame l'humanité.

I

APERÇU HISTORIQUE

———

Tous ceux qui s'intéressent aux questions d'humanité et de bienfaisance ont pu remarquer, dans le parc de l'Exposition universelle, un vaste emplacement réservé aux objets de pansement et de transport des blessés militaires et aux modèles des constructions hospitalières. Cette partie de l'Exposition, annexée à la classe 11 de l'Exposition générale, mérite un examen particulier, non-seulement au point de vue médical et militaire, mais encore au point de vue économique et social. Qui de nous, en effet, n'a profondément gémi de voir les guerres contemporaines emporter, dans l'espace de quelques mois à peine, une partie considérable de la jeunesse d'un pays, l'élite de sa force et de son intelligence? Les armes de précision et à longue portée augmentent le nombre des morts et des blessés sur le champ de bataille, et en même temps celles des victimes qui ne succombent pas à l'effet des engins meurtriers deviennent la proie des fièvres et des épidémies que détermine la vie des camps; l'insuffisance des secours médicaux sur place et en temps opportun est généralement reconnue par les autorités compétentes et ne laisse pas d'aggraver encore le mal. En présence d'un tel état de choses, comment ne point envisager avec intérêt l'œuvre des Sociétés de secours aux blessés militaires, œuvre dont le but unique est précisément de combler cette lacune dans l'organisation du service médical des armées? Il est impossible de refuser plus longtemps à la pitié les instruments qui lui sont indispensables pour agir, quand la guerre augmente de jour en jour son action meurtrière.

En entreprenant ce travail, nous n'avons pas voulu revenir sur l'origine de l'œuvre, que les lecteurs de la *Revue* connaissent déjà par l'excellent travail de M. A. Vermorel [1]. Nous nous bornerons à en raconter les résultats acquis, aussi bien sur le champ de l'expérience que dans le domaine de la théorie.

Nous commencerons par la guerre d'Amérique, où les services rendus par la *United States Sanitary Commission* ont surpassé toute attente; poursuivant l'ordre chronologique, nous passerons aux deux dernières guerres allemandes; nous terminerons enfin la première partie de ce travail par un aperçu rapide des actes de celles des sociétés de secours aux blessés qui, n'ayant pas encore été heureusement appelées à faire leur preuve pendant la guerre, ont su néanmoins se rendre utiles à la fondation. Nous nous occuperons surtout de la Société française qui, digne émule du Comité international de Genève, a pris aujourd'hui en mains l'apostolat de l'œuvre parmi les nations.

La seconde partie de notre travail sera consacrée spécialement à l'exposition des sociétés de secours aux blessés, organisée au sein de l'Exposition universelle. Enfin, dans la troisième, nous rendrons compte des travaux de la conférence, convoquée par le Comité central français, pour l'avancement et la propagation de l'œuvre.

I

La généreuse idée inspirée à M. Dunant par le spectacle du champ de bataille de Solférino, prit en Amérique, sous la pression des tristes événements de la guerre civile, un développement considérable. Dès le 29 avril 1861, soit quinze jours après la fameuse proclamation du président Lincoln, les dames de New-York tinrent, sous la présidence de M. Hammelin, vice-président de la république, une première assemblée générale, dans le *Cooper-Institut*, hôpital des femmes. Il y fut nommé un comité auquel on confia le soin d'organiser une *association centrale de dames, pour l'assistance médicale*. Les résolutions votées dans cette assemblée expriment comme suit le but de la société : 1º recueillir et distribuer des renseignements pris aux sources officielles et concernant les besoins actuels ou probables de l'armée; — 2º établir une correspondance officielle entre la société et le corps médical appartenant aux troupes fédérales; — 3º s'allier avec l'association médicale de New-York, pour l'approvisionnement d'un magasin central de charpie et de bandages; 4º solliciter l'aide des associations locales; — 5º ouvrir un bureau pour l'examen et l'enregistrement des élèves-infirmiers des deux sexes; — 6º prendre les mesures nécessaires pour avoir des gardes-malades expérimentés et en nombre suffisant pour les besoins de la guerre.

Le célèbre médecin Valentin Mott fut nommé président, et le publiciste J. Law Olmsted, secrétaire de l'association. Avec ce caractère

____

[1] Voir la *Revue Contemporaine* du 31 août 1865.

pratique qui distingue les Américains du Nord, les représentants de la
société s'occupèrent, avant tout, des renseignements précis et authen-
tiques à prendre sur les besoins de l'armée. Ils s'adressèrent en conséquence au pourvoyeur en chef des forces de l'Union, en lui deman-
dant des réponses à une série de questions très-nettement formulées.
En rédigeant leur missive, les membres du comité s'étaient appliqués
surtout à bien faire comprendre au gouvernement que, si l'association voulait lui venir en aide, elle n'entendait nullement le supplanter
dans cette branche de son action; ils déclaraient formellement qu'ils
considéraient comme le premier de leurs devoirs de se conformer en
tout aux vœux et aux règlements de l'administration. Toutes ces
précautions n'empêchèrent cependant point le pourvoyeur de répondre
par une espèce de fin de non-recevoir; il voulut bien, il est vrai,
reconnaître les bonnes intentions du comité; mais, dévoué à la rou-
tine, il jugeait superflue toute immixtion étrangère dans le service
officiel de l'armée. C'est à peine si, pour ménager les convenances,
il consentit à accepter une seule fourniture d'articles secondaires, tels
que gilets de flanelle, robes de chambre, chemises de nuit, savates,
pantoufles, bandages, etc.; il pensait se débarrasser par là, une fois
pour toutes, de l'initiative privée dans son département.

Le Comité, voyant qu'il n'avait rien à attendre du pourvoyeur général, résolut d'envoyer une députation à Washington, pour s'entendre avec le Ministre de la guerre et le chef du bureau médical.
La députation trouva, au centre du gouvernement, l'administration
plongée dans la plus inextricable confusion; les volontaires affluaient
et ne trouvaient rien de prêt pour les recevoir; le Ministère de la
guerre était accablé de travail, et le mauvais génie de la bureau-
cratie, qui planait au-dessus de tout ce désordre, empêchait de sor-
tir du labyrinthe des dossiers, des paraphes et des papiers timbrés,
dit le docteur Evans, auquel, dans ce récit, nous empruntons
beaucoup de détails [1]. La nécessité d'une action prolongée et sys-
tématique sur le ministère inspira à la députation l'heureuse idée de
fonder, à Washington même, une commission spéciale avec des employés et un bureau réguliers. Cette nouvelle institution, qui bientôt
se mit à la tête de tout le mouvement de l'association, comprit vite
que, pour satisfaire aux besoins du moment, la charité privée devait
s'organiser tout à fait en dehors de l'administration. On se garda
bien pourtant de dévoiler d'abord le plan conçu; c'est l'autorisation
de fonder une simple commission d'enquête, chargée d'étudier les
conditions d'hygiène dans les armées, que l'on se contenta de solliciter pour le moment. Le gouvernement fit encore de nouvelles difficultés; il concéda, il est vrai, à la commission le droit de recueillir
des renseignements, de visiter les camps, de donner des avis aux
soldats; mais il refusa net de lui reconnaître un caractère officiel. Or,
on sait que le soldat en guerre se prête difficilement aux meilleurs
conseils : il lui faut un ordre. Ces concessions, insuffisantes en elles-
mêmes, ne furent-elles encore accordées que conditionnellement : le

---

[1] Sous ce titre : *La Commission sanitaire des Etats-Unis*, Paris, Dentu, 1867, le
docteur Evans, délégué à l'Exposition universelle, a publié un ouvrage plein de renseignements les plus intéressants et les plus instructifs.

ministère subordonnait sa décision à l'approbation éventuelle du bureau médical. Cette manière d'agir aboutit à rendre toute activité de la commission illusoire. Le docteur Finley, nommé bientôt après chef du bureau médical, était un homme tout à fait hostile à l'association, et aucun concours de sa part n'était probable ; il fallut traiter encore. Enfin, après huit semaines d'une attente « qui fit languir les cœurs », comme s'exprime le rapporteur de la commission, le 13 juin 1861, le président des Etats-Unis changea d'avis. Voyant son utilité réelle, il reconnut la société officiellement; le ministère en approuva les statuts et le plan d'organisation. Ce grand avantage obtenu, il restait à la commission encore une difficulté à vaincre : il fallait se débarrasser du docteur Finley à tout prix. Au milieu de tout ce revirement d'opinion officielle, lui seul était resté inébranlable; sa répugnance à admettre une coopération profane dans son département demeura invincible. La tâche ne fut cependant point aisée.

En Amérique, on a un grand respect pour tout droit légitimement acquis. Pour faire remplacer le chef du bureau médical, il a fallu l'action combinée de la commission et de la presse. Après des efforts prolongés, on parvint enfin à faire déclarer le poste vacant, par le Congrès; la charge fut donnée à M. Hammond, homme dont la commission a toujours eu à se louer. L'activité que la commission déploya, son tact et son génie pratique sont vraiment dignes d'attention. Rien, chez elle, n'est sacrifié aux apparences, rien au faste, à l'extérieur ; tous les efforts tendent au contraire à présenter les entreprises les plus vastes par leur côté le plus modeste et le moins difficile. Etre utile, atteindre le but qu'on s'était proposé, voilà la seule préoccupation que semblent trahir ces hommes honorables, auxquels l'Amérique devra une belle page dans l'histoire de la bienfaisance. — Légalement constituée, libre désormais d'élargir sa sphère d'action, la commission n'oublia pas sa tâche première, la moins attrayante, mais sans laquelle aucun résultat sérieux n'aurait pu être atteint: nous voulons parler de ses travaux statistiques. Son premier soin fut, en effet, de nommer dans chaque camp, dans chaque régiment, et presque dans chaque compagnie, un inspecteur, avec la mission bien définie d'étudier sur les lieux mêmes, et avec la plus minutieuse attention : 1° les besoins hygiéniques du soldat; 2° les effets que produit sur les volontaires la vie nouvelle à laquelle ils sont appelés, et 3° enfin, les conditions climatériques des divers territoires où stationnent les troupes. Un questionnaire uniforme, dressé avec le plus grand soin, fut répandu aussi dans le public, afin de donner à chaque personne de bonne volonté le moyen de faire parvenir à la commission les renseignements et les conseils dont elle avait besoin. La confiance du public et de l'armée dans l'utilité de ce travail fut telle, qu'au bout de quelques mois à peine, le bureau central reçut quatre cents formulaires complets, sans compter les notices et avis isolés. Ces nombreux renseignements permirent à la commission de dresser, dès le mois de juillet 1861, un tableau détaillé des besoins de l'armée ; son secrétaire répandit, en même temps, sous forme de brochures, une série de prescriptions hygiéniques, dont l'ensemble forme un véritable manuel à l'usage du soldat. Les résultats obtenus dans la pratique, grâce à ce système d'enquête sanitaire, sont vraiment merveilleux. Tout le monde sait ce qu'était la mortalité dans les armées en campagne, il y a encore peu d'années. Pendant la guerre de Crimée, l'Angleterre perdit 16,000 hommes, ce qui constitue 23 p. 100 sur le total moyen des forces qu'elle avait en Orient. Cette même guerre coûta à la France 95,000 hommes, dont 10,000 seulement furent tués ou moururent par suite des blessures : le reste devint la proie des maladies. Le chiffre total des pertes des belligérants, pendant cette fatale période, est de 784,991 soldats; sur ce nombre, 53,007 seulement périrent de la mort du soldat [1].

Pendant l'avant-dernière guerre qui sévit aux Etats-Unis (contre le Mexique), l'état de la mortalité était encore de 7 à 9 p. 100; et sur le chiffre des morts, 2/9 seulement appartiennent au nombre des véritables victimes du combat. La moyenne fournie par le docteur Woodward, aide-chirurgien de l'armée des Etats-Unis, dans son rapport à la commission, est beaucoup plus consolante. D'après ce rapport, qui comprend toute la période, depuis le 1er juillet 1861 jusqu'au 30 juin 1862, la première division ayant opéré entre l'Atlantique et les Apalaches, n'a perdu que 334 hommes sur 10,000 ; la deuxième, entre les Apalaches et les Montagnes Rocheuses, 821,9 sur 10,000 ; la troisième, entre les Montagnes Rocheuses et le Pacifique, 107,4 sur 10,000. Cette faible mortalité dans la troisième division doit être, il est vrai, attribuée en grande partie à la salubrité exceptionnelle du climat. Vers la fin de 1863, le docteur Crane dit : « La santé de nos troupes cantonnées en Louisiane est vraiment remarquable; je n'ai jamais vu moins de malades dans une armée : une division de 10,000 soldats ne donne pas plus de 140 malades. » Dans le rapport de la commission sanitaire pour l'année 1864, nous trouvons que les armées de la Caroline du Sud, de la Georgie et de la Floride, « ne sont pas atteintes de plus de maladies que n'en subissent les mêmes classes d'hommes poursuivant dans la vie civile le cours de leurs occupations et de leurs habitudes ordinaires. » En janvier 1864, le docteur Marsh affirme la même chose; il regrette de ne pouvoir, par des raisons militaires, citer les chiffres. — Connaissant déjà les énormes résultats auxquels aboutit la commission sanitaire aux Etats-Unis, jetons un coup d'œil rapide sur les moyens pratiques qu'elle mit en œuvre. Les données statistiques fournies à l'association par ses inspecteurs, lui apprirent bien vite que l'une des grandes causes de la mortalité dans les armées de l'Union était l'absurde inadvertance des conseils de révision qui, exécutant les prescriptions du règlement trop à la lettre, prêtaient infiniment plus d'attention à la taille du volontaire qu'à l'état réel de sa santé. Il s'enrôlait donc une masse d'individus qui ne pouvaient manquer d'entrer à l'hôpital presque dès le jour de leur admission.

La vigilance de la commission y pourvut bientôt, en insistant auprès du gouvernement pour qu'il arrêtât le mal à sa source. Les régiments organisés dans la suite prouvèrent, par leur excellent état de santé, que le remède avait été appliqué à point. Il est vrai,

---

[1] Tous ces chiffres sont tirés du remarquable *Rapport* de M. le docteur Chenu, publié en 1865.

d'autre part, que beaucoup de volontaires trouvaient moyen de tomber malades, même avant leur arrivée au camp, par suite d'imprévoyance et souvent aussi par manque du nécessaire. D'autres arrivaient fatigués, malpropres, affamés. La commission s'empressa donc d'organiser à Washington, et bientôt sur tous les autres points principaux, des gares de réception, autrement dites *repos du soldat*, où les troupes de passage trouvaient non-seulement un asile, mais encore tout ce qui était nécessaire pour satisfaire à leurs premiers besoins. Un bureau de statistique, merveilleusement organisé, permit à la commission de découvrir bientôt tous les défauts de l'organisation du service sanitaire officiel, aussi bien dans le système d'approvisionnement des troupes, que dans la construction des hôpitaux et des ambulances. Elle fit donc son possible pour y pourvoir, soit au moyen d'avis rationnels présentés au gouvernement en temps opportun, soit en mettant en œuvre ses propres ressources. L'étude approfondie des conditions du traitement des malades et des blessés militaires amena la commission à réformer presque en entier le système de construction des hôpitaux, des ambulances et des moyens de transport. Elle arriva à organiser des trains à son usage spécial, sur les voies ferrées, et des flottilles entières pour transporter ses provisions et ses malades. Nous n'insisterons pas davantage, ici, sur les mérites de la commission à cet égard. Nous aurons l'occasion d'y revenir dans la seconde partie de ce travail, que nous consacrerons spécialement à l'étude des divers objets et modèles envoyés par les différentes sociétés de secours aux blessés, à l'Exposition universelle. Les modèles des trains américains, de leurs hôpitaux et de leurs ambulances se trouvent là.

Nulle part, cependant, la surprenante activité de la commission n'apparaît d'une manière si frappante que dans les registres officiels, qui constatent l'énorme quantité de provisions fournies par elle aux soldats, aux malades et aux blessés. Six mois à peine du jour de sa constitution, à une époque où les forces de l'Union étaient encore peu considérables, elle assistait déjà plus de 6,000 blessés. Elle en transportait une grande partie dans le sein de leurs famille.

A cette même époque, près de 34,500 articles pour costumes d'hôpital, sans compter une masse énorme d'objets non classés, avaient été distribués à 134 hôpitaux par le seul dépôt de Washington et pendant le seul mois de novembre 1861. Dans l'Ouest, 69,000 objets avaient déjà été reçus au dépôt de Cleveland, et sur ce nombre 51,000, sans compter les tonnes de provisions qui étaient destinées aux hôpitaux, avaient été réexpédiés pour divers points plus proches de l'armée du Mississipi.

Le manque de légumes ayant menacé du scorbut l'armée du général Grant à Vicksbourg, pays hostile, où il ne put s'approvisionner, la commission lui fournit, dans le plus bref délai, 2,000 hectolitres de pommes de terre, 8,000 kilogrammes de fruits secs, 13,000 citrons, une énorme quantité de conserves de légumes et autres antiscorbutiques. Lors de la grande bataille d'Anthietham, la commission tenait une séance extraordinaire à Washington. Le télégraphe fut mis en réquisiton pour stimuler l'activité des agents; ordre fut donné aux dépôts les plus rapprochés du lieu de l'action, d'y envoyer tout ce qui pourrait être d'un usage immédiat. Séance tenante, divers trains supplémentaires furent dirigés à toute vapeur vers le champ de bataille. Plus de 60,000 articles d'habillements, plusieurs tonnes d'aliments, des cordiaux en abondance, e c., furent expédiés en moins d'une semaine du dépôt central de Washington. Par ces mesures énergiques, la commission se mit en avance de deux jours sur le bureau médical. Elle dut cet avantage surtout à ce ait, qu'elle possédait des transports à elle. Après les terribles combats de Corinth, de Juka et de Perryville, voici ce que le docteur Reed écrit dans un rapport à la commission : « Nous fûmes les premiers à apporter l'assistance là où les secours étaient le plus nécessaires. Aucune langue ne pourra jamais dire les horreurs de ce champ d'agonie. 23,000 blessés au moins couvrent le sol entre Perryville et Harrdsbourg, en proie aux plus grandes souffrances, manquant de tout. Des malheureux, moins grièvement blessés, se traînent le long des routes en mendiant; d'autres ne sont retrouvés que cinq jours après la bataille, exténués, affamés, les blessures toutes béantes. Chaque maison est un hôpital, chaque lit un brancard, chaque homme charitable un infirmier. « Pendant les journées de Gettysbourg, plus de 30.000 hommes furent mis hors de combat. La confusion dans le service médical était indescriptible. Des chirurgiens militaires et des malades, en voyant arriver les agents de la commission, « bénissaient Dieu, en levant les mains au ciel. » Pendant les quatre semaines qui suivirent la bataille, les articles suivants furent expédiés : Articles de vêtements, 21,362; de literie, 5.281; de lingerie, 13,500; éventails. 3,500; béquilles, 1,200; éponges, 1,000 ; cuvettes de fer-blanc, 7,003 ; aliments, 53,346 kilog. La valeur totale de ces approvisionnements montait à 400,000 fr.; la somme dépensée par la commission pour les antiscorbutiques seuls s'est élevée, pendant les trois derniers mois de 1863, à 700,000 fr. Le budget de la commission accuse, d'après le dernier rapport, la somme imposante de 20 millions de dollars de recette, soit 100 millions de francs. Grâce au dévouement de tous, les frais d'administration ne se sont point élevés à 4 p. 0/0.

Dans un rapport en date du 13 août 1864, nous trouvons que le nombre des hôpitaux construits ou administrés par la commission, s'élevait au chiffre de 214. Ces hôpitaux renfermaient 133,800 lits, dont 97,751 étaient occupés à l'heure où le rapport était rédigé. Pour le service de ces hôpitaux, des ambulances et des blessés qu'il fallait emporter du champ de bataille, ainsi que pour le transport des provisions, la commission a dû organiser, comme nous l'avons dit, des trains spéciaux, des flottilles et des convois de roulage qui, là où les chemins de fer manquaient, arrivaient, par des chemins ordinaires, jusque sous le feu de l'ennemi; là où l'administration n'osait point risquer ses fourgons. Le docteur Barnum, chargé par la commission du service des ambulances à vapeur sur les lignes ferrées de l'Ouest, dit dans son rapport : « Depuis que je m'occupe des trains hospitaliers, j'ai fait transporter 20,472 patients et je n'en ai perdu qu'*un seul*, et celui-là encore ne périt-il que parce qu'il avait demandé, avec supplications, contrairement à l'avis du chirurgien et au mien, à être transporté au sein de sa famille. » Le système de transport par bateaux à vapeur et les hôpitaux flottants n'ont pas été employés seulement sur les cours tortueux du Mississipi, du Cumberland, du Tennesee et de leurs nombreux affluents, mais aussi sur la côte maritime orientale. Les navires de la commission rendirent des services signalés dans les criques et les golfes intérieurs.

M. Moses F. Odel, membre du congrès pour la cité de Brooklin (New-York), et témoin oculaire, raconte, comme suit, un court épisode des travaux de la commission pendant la campagne du général Mac-Clellan, entre les rivières James et York, dans la Péninsule :

Il nous vint de Fair-Oaks, dans une file de wagons, quelques cinq à six cents blessés. C'est à ce moment que je compris les vastes ressources et l'extrême utilité de la commission. À bord des bateaux à vapeur, je trouvai nombre de dames et de messieurs prêts à venir en aide, de leurs mains et de leurs cœurs, aux blessés et aux mourants. Je n'hésite pas à le dire, le gouvernement avait certainement, dès l'origine de la guerre, apprécié exactement les besoins du soldat ; il avait fait tout ce qui était en son pouvoir. Mais la commission fit mieux que lui, elle le précéda constamment de quelques heures, ou même de quelques jours, dans l'administration de secours. Enrôlé pendant quatre jours et quatre nuits comme infirmier volontaire, je vis de mes propres yeux, pendant ce court espace de temps, 3,465 blessés admis, pansés, pourvus du nécessaire et embarqués pour le Nord par l'agence de la commission à White-House. Sans la présence des navires de la commission et des approvisionnements qu'ils contenaient, les souffrances de ces malheureux eussent été réellement indescriptibles.

Nous ne voudrions pas abuser de citations ; mais il nous est impossible de ne pas mettre sous les yeux du lecteur quelques lignes qui sont une vive peinture et toute pleine de naturel des soins dont les malades étaient l'objet de la part de la commission ; elles sont tirées d'une lettre du secrétaire de l'œuvre en Amérique :

Je ne puis vous décrire, dit M. Law Omsted, et vous ne sauriez imaginer de quel bienfait seront, pour ces pauvres gens fiévreux, épuisés, affamés, vos provisions, vos articles de literie et tous ces autres objets d'égale valeur que vous avez envoyés. Quand nous les reçûmes à bord du steamer, les plus dangereusement malades furent placés sur des hamacs dans des cabines ; sur chaque hamac, on étendit des édredons, des draps blancs, des couvertures et des coussins : un malade n'aurait pu désirer un lit plus engageant. Cela vous eût fait du bien au cœur d'entendre les paroles de satisfaction qui s'échappaient des lèvres de ces braves gens quand, débarrassés des vêtements souillés qu'ils portaient, nettoyés à fond et habillés de neuf, ils furent étendus entre des draps blancs dont, depuis si longtemps, ils avaient perdu l'habitude. Les moins malades furent pourvus de lits confortables dressés sur le pont, près de la chaudière ; des paillasses, des édredons et des couvertures furent retirés des caisses que vous avez envoyées. La nourriture des convalescents est abondante, variée et excellente : pain tendre, beurre, œufs, bœuf frais en gamelle, thé, café, riz bouilli, pommes cuites, fruits confits, et du vin et de la bière à ceux qui supportent ce régime.

Ce que la commission donnait à la patrie et aux malheureux en dévouement et persévérance, dans l'accomplissement de la tâche immense qu'elle avait assumée, le peuple le lui rendait en chaleureuses sympathies, en témoignages de confiance et en générosité. La preuve la plus saisissante de cette communauté de sentiments entre le peuple et la commission, résulte de ce fait, que toute cette grande œuvre s'est trouvée accomplie non-seulement sans le moindre concours pécuniaire de la part du gouvernement, mais encore, dans les premiers moments, malgré une hostilité manifeste de sa part. D'après le rapport annuel présenté à la commission en 1865, les dames américaines seules fournirent à l'œuvre, jusqu'au 1er octobre 1864, plusieurs millions d'objets divers, dont l'évaluation la plus modeste accuse une somme de 46 millions de francs. Les offrandes en espèces avaient atteint, à la même époque, le chiffre de 18,330,000 fr. Quand la commission organisait des ventes ou des fêtes, c'était une émulation et un enthousiasme indescriptibles. La vente de Chicago, organisée le 26 octobre 1863, produisit à elle seule 1,400,000 fr. de bénéfice net ; celle de Brooklin, au mois de mars 1864, 2,100,000 fr.; celle de New-York, en avril, 7 millions ; celle de Philadelphie, enfin, en juin, près de 6 millions. Tous les Américains, sans exception, jusqu'à ceux qui résident en Europe, tinrent à honneur de prouver qu'ils n'étaient pas indifférents aux souffrances des soldats de leur cause; les quêtes faites sur le continent européen et en Angleterre, produisirent, jusqu'au commencement de 1864, une somme de 400,000 fr.

Mais dans ce précis, tellement rapide qu'il nous laisse à peine la faculté d'indiquer sommairement les faits principaux, nous sommes loin encore d'avoir énuméré tous les mérites de la commission sanitaire d'Amérique. Il reste une branche de son activité que nous n'avons seulement pas mentionnée; c'est la branche dite d'*assistance spéciale*. La branche de l'*assistance générale* ne comprenait que les soins purement matériels prodigués par la commission à ses protégés. Sa sollicitude pour le moral des malades est vraiment digne de louanges. Non-seulement, dans les hôpitaux de terre et de mer, les blessés avaient des livres, des journaux, des jeux d'agrément à profusion, mais encore, dans certains établissements, comme dans l'*Armory-Hospital*, à Washington, une imprimerie était mise à la disposition des convalescents qui voulaient s'occuper de journalisme. Des feuilles hebdomadaires, rédigées par des malades seuls, paraissaient aux frais de l'établissement, et les profits en étaient encaissés au bénéfice de tous les pensionnaires.

Sous la dénomination de service d'*assistance spéciale*, la commission entendait : 1° le service des secours aux soldats nécessiteux ou malades, mais dont l'état n'était pas assez grave pour les faire entrer à l'hôpital; — 2° la protection aux soldats qui, ayant reçu leur congé honorable pour cause de maladie, étaient obligés d'attendre leurs papiers et leur solde; ils étaient logés, nourris et habillés aux frais de la commission. La commission leur servait en outre d'agent d'affaires, tenait leur correspondance, touchait leur solde pour la leur remettre; — 3° l'assistance de ceux qui ne pouvaient couvrir eux-mêmes les frais de leur rapatriement; — 4° la protection des soldats en congé, des malades ou des convalescents non encore rentrés dans leurs rangs, contre le vol ou l'escroquerie pendant leur voyage.

À ce service était attachée une nouvelle agence, dite *hospitalière*, dont la tâche était vraiment de la moralité la plus haute et la mieux entendue. La commission, prenant en considération les souffrances des soldats éloignés de leurs familles et privés, à cause du changement continuel des lieux de cantonnement, de toutes nouvelles de leur part, organisa des bureaux spéciaux pour servir d'intermédiaires entre les militaires et leurs correspondants. Cette agence n'eut pas moins de 513,000 noms d'inscrits sur ses registres, depuis le 9 juin jusqu'au 1er octobre 1863. Les morts n'étaient pas plus oubliés que les vivants. Des milliers de poteaux funéraires furent élevés, par les soins de la commission, aux soldats tués ou morts en campagne. Cette patriotique attention pour les citoyens qui sacrifiaient leur vie au pays fut en même temps une grande consolation pour les familles : elle leur permettait de retrouver au moins les traces de ceux dont la perte les affligeait.

Depuis que la paix est heureusement rétablie, la commission n'a pas cessé de travailler. Elle transforme ses hôpitaux en maisons d'asile pour les invalides qui n'ont pas de foyers et ne peuvent travailler ; les autres sont aidés par elle jusqu'à ce qu'ils trouvent les moyens de gagner leur vie. Les veuves et les orphelins des soldats morts ou tués reçoivent des pensions et des témoignages de sollicitude. Le cercle de l'action bienfaisante de cette institution devenue permanente, conformément aux résolutions de la conférence de Genève, s'agrandit de jour en jour ; il est inutile d'ajouter que la commission sanitaire des États-Unis a accédé au traité signé en cette ville.

II

Militi pro rege et patriâ vulnerato! Telle est la devise solennelle qu'a prise l'association prussienne de secours aux blessés. Le comité central de Berlin, dont les bases furent jetées, en septembre 1863, par M. Henry Dunant, fut bientôt reconnu par le gouvernement du roi Guillaume, grâce au puissant appui de S. E. M. de Roon et du prince Henri XIII de Reuss. Nous ne parlerons que très-sommairement des actes du comité pendant la guerre de Danemark. A cette époque, il n'était pas encore parvenu à centraliser les efforts des comités provinciaux que la guerre avait fait naître spontanément, et son action demeura restreinte. Cependant, le peu que la charité privée sut faire durant cette courte période d'une lutte qui ne fut pas sans labeur, suffit pour démontrer au pays, aussi bien qu'au gouvernement et au comité lui-même, l'utilité de sa mission. On nous permettra d'emprunter quelques détails sur la guerre du Danemark au remarquable travail publié dans le *Kriegerheil*, organe du comité central de Berlin, par notre honorable collègue à l'Exposition, M. le professeur Gurlt. Au milieu de l'hiver de 1863-64, les troupes prussiennes se mirent en marche, à destination des duchés de l'Elbe. Les rigueurs de la saison se firent durement sentir dans l'armée. Le dévouement du pays fut admirable; des comités surgirent dans toutes les villes de l'Allemagne; les vêtements chauds affluèrent en masse au quartier général. Mais le manque d'organisation de la charité privée fit que tout cet enthousiasme causa, dans les commencements, plus d'embarras que de bien. Le *Volks-Verein* de Berlin (association du peuple) expédia à lui seul plus de 16,000 articles. L'apport en argent fourni par cette même association, depuis le 18 décembre 1863 jusqu'au 9 juillet 1864, s'éleva à 47,000 fr. Le Ministre de la guerre reçut des dons isolés, en espèces et en vêtements, s'élevant à une valeur de 125,000 fr. Un comité spécial se constitua à Berlin, en dehors du comité central, pour s'occuper du sort des prisonniers de guerre, des blessés se rendant en congé et des familles nécessiteuses dont les chefs avaient été appelés à la landwehr. Ce même comité spécial distribua des secours pécuniaires aux familles des soldats tués et constitua des fonds de dotation pour leurs orphelins mineurs. Il propagea l'idée de construire un monument commémoratif de la prise de Düppel, et consacra à cette fin une partie de ses ressources. Les recettes de ce comité s'élevèrent à 45,000 fr. et ses dépenses n'excédèrent pas 35,000 fr.; le restant fut employé à couvrir les frais du traitement de ceux des blessés auxquels un séjour aux bains d'eaux minérales fut prescrit l'été suivant.

Le comité central de Berlin eut le mérite, pendant cette guerre, d'appeler à un rôle pratique les hospitaliers volontaires. « Les chevaliers de l'ordre de Saint-Jean de Jérusalem (bailliage de Brandebourg), dit M. Dunant [1]; les héroïques jeunes gens du Rauhenhaus (frères de charité évangéliques de Hambourg); les diacres également chrétiens, réformés évangéliques de l'institut philanthropique de Duisbourg, si actifs et si infatigables; les bonnes sœurs de charité, catholiques romaines, et les frères alexiens d'Aix-la-Chapelle; les diaconesses du Béthanien de Berlin, sous la direction du comte et de la comtesse de Stolberg-Wernigerode; les soixante-huit jeunes médecins civils partis de Berlin sur le premier appel du comité central prussien, etc., tous ont su montrer jusqu'où des volontaires savent aller pour relever et panser les blessés. Ces hospitaliers volontaires rendirent d'immenses services; aussi le gouvernement militaire prussien leur accorda-t-il une reconnaissance hautement déclarée. »

Dans le Danemark aussi, la guerre provoqua des manifestations de charité admirables. Un grand comité central s'était formé à Copenhague, et était entré en relations directes avec des sous-comités disséminés sur toute la surface du pays. De nombreux petits lazarets furent créés dans les provinces voisines du théâtre de la guerre. Dans les hôpitaux d'Augustenbourg et de Friedericksbourg, un service de diaconesses suédoises et danoises fut admis par l'autorité militaire, quoique après de longues hésitations. Les services rendus par ces sœurs furent dignement proclamés par ceux-là mêmes qui avaient été les plus contraires à leur admission.

Quand la guerre contre l'Autriche fut décidée à Berlin, le roi nomma un des membres du comité, le bienfaisant comte de Stolberg-Wernigerode, commissaire de son gouvernement auprès des

---

[1] *Fraternité et Charité internationales* **en temps de guerre**. Paris, Hachette, 1866.

sociétés de secours aux blessés et inspecteur sanitaire des camps. Le comité central, d'autre part, se mit en relations directes avec le Ministère de la guerre et avec l'ordre de Saint-Jean de Jérusalem. Il arbora aussi, sans différer, le drapeau international, institué par l'article 7 de la convention de Genève. Ces mesures préliminaires prises, le comité aborda la grande tâche à laquelle les événements, de plus en plus pressants, le conviaient. Une proclamation fut lancée pour inviter le public à prêter au comité son généreux concours; une autre, adressée spécialement aux gouverneurs des provinces (*oberpræsidenten*) et aux personnes influentes du pays, avait pour but de provoquer la formation du plus grand nombre possible de comités provinciaux et locaux. Aucun de ces appels ne resta sans effet. Au bout de quelques jours commencèrent à affluer les envois d'argent, et plus de cent cinquante comités anciens ou nouveaux se rangèrent sous les ordres du comité central. Un réseau de comités de dames enlaça tout le pays, conformément aux recommandations du comité international de Genève.

Le fonds de réserve du comité de Berlin était, à cette époque, de 11,000 thalers. A cette somme vinrent s'ajouter bientôt les dons innombrables dont la famille royale ouvrit la liste, en faisant parvenir au trésorier de l'association une somme de 8,000 fr. A mesure que l'heure du combat approchait, le comité demandait au pays différents envois successifs, d'abord du linge, puis des vêtements, des bandages, de la charpie, des aliments et des ustensiles de toutes sortes, pouvant servir aux soldats blessés. Le Ministère de la guerre seconda fortement l'action du comité, de son côté, en le recommandant auprès des autorités civiles et militaires du pays. Pour faciliter les relations entre le comité et l'armée, le commissaire du gouvernement, en même temps membre du comité, le comte de Stolberg-Wernigerode, se chargea des devoirs de représentant de la Société de secours au quartier général et dans les camps, et mit ainsi au service de l'association son immense influence et tout le personnel qu'il commandait.

Quand les dons en nature commencèrent à augmenter, le comité de Berlin dut songer à organiser des dépôts, pour y déposer ces objets, les classer, les approprier à l'usage qu'on voulait en faire, les réexpédier au lieu de leur destination définitive. Un rentier de Berlin, M. Gottschalk, mit à la disposition du comité une maison située sur l'*Unter den Linden*, n° 76; mais bientôt ce vaste local devint insuffisant. D'autres particuliers, MM. les banquiers Abel et le baron von Palescke, offrirent encore deux maisons entières avec de vastes hangars, dans la *Wilhelmsstrasse*, n°s 70 et 70ª. Le Ministère céda, de son côté, la caserne de la garde royale, avec ses cours, ses écuries et ses manéges. Tous ces locaux, transformés en magasins, ne furent point encore trop grands. Pour les desservir, le dévouement des membres de l'association ne suffit pas : outre les deux cent cinquante dames appartenant à toutes les classes de la société, qui travaillaient jour et nuit sous la direction personnelle de la comtesse d'Itzenplitz; outre le concours gratuit de quarante à cinquante garnisaires de Spandau, le comité devait encore employer journellement de quatre-vingts à quatre-vingt-dix ouvriers payés. Pour récompenser le zèle infatigable des dames de Berlin, auxquelles Sa Majesté la reine avait accordé son auguste patronage, le comité leur distribua, après la fin de la guerre, des broches en argent oxydé, ornées d'une inscription, et des armes internationales de l'association : croix rouge sur fond blanc, bijou précieux, qui sera gardé dans les familles comme le plus beau des diamants. Une broche pareille, exécutée en or, fut remise à la reine.

Outre les dépôts organisés au centre de la ville, le comité dut encore en fonder d'autres, destinés spécialement à recevoir les articles de consommation qui ne pouvaient être longtemps conservés. Ces dépôts furent installés dans le voisinage des gares; de là, on réexpédiait ces objets aussitôt après vérification et classement. Il y a eu trois dépôts de ce genre : un au *Dœnhofs-platz*, un autre au *Gensdarmen-markt*, et un troisième enfin au débarcadère du chemin de fer de la Silésie-Basse. Ces dépôts multiples ne suffisant pas, le comité fut encore forcé de recourir aux offres obligeantes de quarante maisons de commerce, disséminées dans différents quartiers de la ville, qui se chargèrent de recueillir les offrandes en son nom. Les objets et les provisions que le comité expédiait en masse de Berlin, étaient temporairement déposés dans les villes rapprochées du théâtre de la guerre, telles que Breslau, Magdebourg, Gœrlitz et autres. Pour éviter l'encombrement de la foule qui se pressait dans les bureaux du comité avec des dons en argent, on plaça dans les rues des troncs surmontés du drapeau international, où les pauvres et les riches déposaient leurs offrandes. Un seul négociant de Berlin offrit au Comité du vin pour une somme de 12,000 fr.

Tous les colis adressés aux comités ou à leurs agents, ainsi que les colis expédiés par eux, étaient transportés gratis, autant par la poste royale que par les chemins de fer de l'État et ceux appartenant aux compagnies privées. Les médecins et les employés du comité central avaient un parcours gratuit sur toute l'étendue du territoire où commandait la Prusse. Le télégraphe, la poste et les journaux rivalisaient d'empressement pour servir l'association et lui épargner des dépenses.

Les encaisses du comité central seul, ceux des comités auxiliaires n'étant pas encore connus, s'élevèrent, pendant les cinq mois que dura la guerre, à la somme imposante de 2 millions de francs. La dépense n'excéda pas 1,300,000 francs; le restant, 700,000 francs, fut converti en titres de rente, donnant un revenu annuel d'environ 40,000 fr. Cette somme, qui s'augmente tous les jours des intérêts capitalisés et des dons qui affluent, constitue le fonds de réserve du comité.

On a évalué à près de 6 millions de francs la valeur des objets reçus et utilisés par le comité central seul. Ces chiffres prouvent combien est puissante la force de l'association quand elle est bien dirigée et quand elle possède la confiance publique.

La richesse et l'admirable organisation des dépôts du comité, le dévouement de ses agents et des médecins attachés à son œuvre, les facilités de toutes sortes que lui offraient les administrations publiques et privées, lui permirent de satisfaire à tous les besoins des armées en campagne, et, dans les cas extraordinaires, avec une promptitude incroyable. Les nombreux hôpitaux militaires existant dans

le pays, ceux de l'ordre de Saint-Jean, les hôpitaux des communes, des confréries de toutes sortes, etc., furent richement approvisionnés par le comité, et appropriés pour recevoir un grand nombre de malades ou de blessés. La journée de Langensalza, et ensuite le choléra et le typhus qui se déclarèrent dans les armées, après la fin de la guerre, forcèrent néanmoins le comité, malgré ces grands préparatifs, à recourir à des moyens extraordinaires.

Quand, le 28 juin, le télégraphe apporta la nouvelle du combat de Langensalza, le comité dépêcha sur le champ de bataille une grande quantité de bandages, de tentes, de rafraîchissements et d'aliments de tous genres. Les ordres du comité furent exécutés par les intendances des dépôts avec une telle promptitude, que le président du ministère ayant mis à la disposition de la société tout un train express, l'envoi put être effectué et le train partit dans la direction de Gotha avant minuit de la même journée. Ce fut l'honorable professeur Gurlt, opérateur renommé et membre du comité central, qui se chargea de convoyer lui-même le train, en compagnie de huit autres médecins, du président de l'ordre de Saint-Jean, le baron de Mirbach, de six diaconesses du Béthanien et de plusieurs sœurs grises catholiques. Cette charitable ambassade trouva, à Langensalza et Merrleben, des souffrances terribles à soulager ; mais « avec l'aide de Dieu et des personnes secourables trouvées sur les lieux, dit le rapporteur du comité, elle sut accomplir sa mission avec le plus méritoire succès. »

Le 30 juin au soir, un autre train express, composé de sept wagons, et emportant 80,000 livres d'articles d'hôpital et d'aliments, 75 tonneaux de vin, etc., fut expédié sous la conduite de MM. Holleben, Bauduin et Rausenthal. Ces messieurs arrivèrent à Gitschin avec le convoi le jour même de la bataille de Sadowa, et reçurent de la bouche même du roi l'ordre d'approvisionner la ligne des hôpitaux, entre Trautenau, Nachod et Gitschin. Ils eurent aussi le bonheur de rencontrer, entre Turnau et Horsitz, un long convoi de voitures, emmenant des blessés qui n'avaient rien mangé depuis quarante-huit heures, et dont ils purent soulager les souffrances. Le 1er juillet, un convoi encore plus considérable fut expédié sous les ordres de M. Bergemann, avec tout ce qu'il fallait pour réapprovisionner le grand dépôt de Turnau en Bohême. Le 5 et le 6, des convois encore à même destination. Le 6 au soir, un transport de 8,000 livres de glace pour l'hôpital de Friedland, de glorieuse mémoire. Le 8, encore de la glace et du chloroforme pour l'hôpital de Kœniginhof. Pendant le courant de la semaine qui s'écoula entre le 8 et le 15 juillet, époque de la plus grande activité, des convois express ou de grands transports furent expédiés tous les jours avec des rafraîchissements et des articles d'hôpitaux.

Le 19 juillet, en prévision d'une bataille, qu'on croyait imminente sous les murs de Vienne, un nouveau train express partit avec 200,000 livres de provisions de toutes sortes. Quand les circonstances de la guerre changèrent, ces provisions destinées pour les malades et les blessés, furent partagées, sur l'ordre exprès du prince royal de Prusse, entre les soldats des trois corps de l'armée prussienne. Des expéditions pareilles se prolongèrent encore jusqu'à la fin du

mois, il y en eut qui emportèrent jusqu'à la valeur de 300,000 fr.
en linge, bandages, vins, spiriteux, tabac, médicaments et désinfec-
tants.

Le chiffre total des convois expédiés par le comité de Berlin fut de
soixante-six. Chaque train comptait en moyenne de douze à vingt-
six wagons. Beaucoup de ces trains étaient même forcés d'accueillir
des dons chemin faisant. Partout où le comité avait organisé des
stations de ravitaillement pour les troupes de passage (*Erfrischungs-
stationen*), l'affluence du public était énorme, et personne ne voulait
arriver les mains vides. Des stations de ce genre avaient été organisées à Kohlfurt, Bodenbach, Pardubitz, Brünn, et partout où il y
avait un dépôt.

Au milieu de cette grande activité, le comité n'oublia point le principe international de l'œuvre. Aux moments les plus critiques, les
Autrichiens étaient soignés en Prusse avec la même sollicitude que
les nationaux. Non-seulement on leur prodiguait tous les soins qu'exi-
geait leur état physique, mais encore, ce qui est un trait bien noble
de la part des Prussiens, songea-t-on, pour soutenir leur moral, à
procurer à chacun d'eux le plaisir de converser dans sa propre langue.
Tous les maîtres de langues de Berlin furent mis en réquisition à cet
effet, et chacun d'eux donna volontiers la part d'aumône intellec-
tuelle qu'on attendait de lui. Le nombre des Autrichiens ou de leurs
alliés blessés ou malades qui ont été soignés dans les ambulances et
les hôpiteaux prussiens, dépasse le chiffre de 25,000. En Bohême,
toute maison où se trouvait un malade ou un blessé, protégée par le
drapeau international, était libérée de toutes charges de guerre, et
considérée comme sacrée par les Prussiens.

Si le principe de la neutralisation des blessés et du personnel
attaché à leur service avait encore besoin d'avocats, un fait tiré de
l'histoire de la dernière guerre fournirait à la plaidoirie une de ces
preuves palpitantes auxquelles les faux raisonnements ne résistent
guère plus que les cœurs. On sait que l'Autriche n'accéda au traité
de Genève que vingt jours après la bataille de Sadowa. Cette réserve
de la part du gouvernement impérial et royal a eu pour résultat naturel d'inspirer aux troupes autrichiennes la crainte de la réciprocité
de la part des Prussiens. Après chaque combat malheureux, quicon-
que pouvait se mouvoir fuyait ; les plus grièvement blessés restaient
seuls sans secours sur le champ de bataille. Après Sadowa, les Prussiens trouvèrent tout à fait accidentellement, dans une forêt près de
Hostz, 1,183 blessés autrichiens, abandonnés depuis deux jours. 800
d'entre eux étaient déjà morts depuis le départ de leurs compagnons;
les autres, épuisés et affamés, furent recueillis par l'ennemi. D'autre
part, la confiance qu'inspirait l'inviolabilité du drapeau international
permettait des dévouements sublimes. On raconte un trait de cou-
rage d'une jeune fille de Bohême, qui s'engagea toute seule, au milieu de la nuit, sur le champ de bataille, pour porter quelques
rafraichissements aux blessés. Interrogée sur ce qui lui aurait donné la force d'aller ainsi à l'encontre du danger, elle répondit simple-
ment : « Je portais le brassard international, pouvais-je donc être
inquiétée ? »

L'enthousiasme du public pour l'œuvre charitable du comité ne se manifestait pas seulement par des envois d'argent et des dons de toute espèce, il éclatait encore spontanément dans les actes de dévouement personnel qu'il faut compter par milliers. En Prusse seule, le chiffre des infirmiers volontaires dépassa le nombre de mille. On distinguait parmi eux des personnes appartenant à tous les rangs de la société, depuis les Altesses jusqu'aux simples artisans; mais surtout on remarquait un grand nombre d'étudiants en droit. Les infirmiers volontaires étaient soumis aux médecins, leur voyage payé, mais leurs services gratuits ; ils avaient droit à la ration du soldat, et, en cas de nécessité, le comité central pourvoyait à leurs besoins les plus urgents. Soixante jeunes gens de Breslau, organisés en corps de volontaires, se rendirent sur le champ de bataille, le drapeau international déployé, sous la conduite du docteur Hulma. Chaque corps d'armée avait ses infirmiers volontaires, qui desservaient spécialement les hôpitaux de la deuxième ligne. Beaucoup d'entre eux, cependant, aidaient les chevaliers de Saint-Jean de Jérusalem, volontaires eux-mêmes, à relever les blessés sur le champ de bataille. Outre les dames qui avaient mis leur travail au service des dépôts à Berlin, il y en eut plus de six cents qui allèrent en Bohême et dans les autres parties du théâtre de la guerre pour soigner indifféremment les Prussiens, les Autrichiens, les Hanovriens, les Badois, etc. Le concours des différents ordres de charité, protestants et catholiques, existant en Prusse, fut aussi chaleureux dans cette guerre que pendant la guerre du Danemark.

Nous avons rappelé qu'au moment de la cessation des hostilités, le choléra et la fièvre typhoïde s'emparèrent d'une partie de l'armée de Bohême. C'est alors surtout que le comité crut devoir organiser ses stations de ravitaillement, dont nous venons de parler. C'est alors aussi qu'il commença à distribuer largement, en guise de préservatif, aux soldats bien portants, le vin de Bordeaux, le Porto, le rhum, le cognac, des médicaments et des vêtements de flanelle. Ces provisions furent en partie achetées par le comité, en partie fournies par les villes de Brême et de Hambourg ; des commissaires spéciaux en surveillaient la distribution, tant à l'armée que dans les hôpitaux affectés aux cholériques. Quatre médecins civils, des plus notables, s'offrirent volontairement et sans prétendre à aucune rémunération pour parcourir les grandes routes d'opération des armées, et procéder à la désinfection des étapes, siéges présumés de la propagation du choléra. Les moyens d'assainissement confiés à ces médecins exigèrent seuls une dépense de 160,000 fr.

Quand la paix fut conclue et signée, et quand les troupes prussiennes rentraient à Berlin, le comité crut de son devoir de faire, en ce jour solennel, à chaque soldat malade ou blessé qui se trouvait encore dans les hôpitaux, un cadeau de deux thalers et d'une bouteille de vin. Une somme de 120,000 fr. fut dépensée pour l'entretien des convalescents dans des établissements thermaux et autres. Le comité fournit encore à ses frais des membres artificiels aux amputés. Un prix de 2,000 fr. fut institué pour celui qui ferait le meilleur livre sur l'organisation des secours aux militaires blessés. Ce prix a été obtenu par l'honorable M. Moynier, de Genève, président du comité international.

Dans le grand-duché de Bade, un comité de dames, sous la présidence et la direction personnelle de S. A. R. la grande-duchesse Louise, secondé par soixante-quatorze comités auxiliaires, a rendu aux blessés des services dignes d'être signalés. Ce comité se distingua surtout par les infirmières qu'il fit instruire à ses frais et qu'il envoya dans les hôpitaux. Dans la Hesse Grande-Ducale, le comité se trouve sous l'auguste patronage du duc et de la duchesse régnants. Le grand-duché de Bade, le Hesse-Darmstad, le Wurtemberg et la Bavière avaient adhéré à la convention de Genève, et c'est au prince Alexandre de Hesse, commandant en chef du 8ᵉ corps de l'armée alliée, que revient l'honneur d'en avoir appliqué les clauses avant que l'Autriche y ait même songé.

En général, en Allemagne, l'œuvre a poussé de profondes racines, et toutes les âmes charitables de ce pays trouvaient, pendant les circonstances difficiles, une véritable consolation à se vouer à l'œuvre humanitaire à laquelle l'association internationale les conviait.

Le comité de Vienne ne s'organisa qu'après la guerre de 1866, quand le gouvernement autrichien eut donné son adhésion au traité de Genève. Il a pour président le prince Joseph Colloredo-Mansfeld, et se trouve sous le patronage de S. A. I. R. l'archiduc Albert. Le titre officiel de l'association est : « Société patriotique autrichienne de secours aux soldats blessés, veuves et orphelins de militaires. » Avant l'organisation de ce comité, il se formait en Autriche différents comités et associations toutes les fois qu'une guerre éclatait; mais ces associations, n'étant pas permanentes et disposant de ressources fort restreintes, n'obtenaient que des résultats insuffisants. De plus, dépourvues de tout caractère international, elles étaient sans signification vis-à-vis de l'œuvre sanctionnée par la convention de Genève. Les comités fonctionnant pendant la guerre de 1866 s'adressèrent cependant au comité international de Genève, pour lui demander de transmettre aux prisonniers autrichiens en Prusse une certaine quantité de provisions et des secours en argent. Un fait analogue se passa entre l'Autriche et l'Italie: des comités furent organisés à Padoue; leurs présidents s'empressèrent d'avertir par télégraphe le comité international de leur formation; celui-ci se hâta d'en faire part aux comités de Milan, Florence, Brescia, et servit d'intermédiaire entre les deux parties. Cela se passait l'avant-veille de la bataille de Custozza.

Le comité central italien est placé sous le haut patronage du prince Humbert, lequel est, en même temps, président honoraire du comité de Milan. Le président du comité central italien est le docteur Cesare Castiglione, chirurgien-major et président de l'Association médicale italienne; le secrétaire général est M. Corrado de Fontana, avocat. Ce comité ferme la série des Associations qui ont été appelées à prendre part à la guerre.

4

III

Tandis que les comités des pays engagés dans la guerre déployaient partout une activité vraiment remarquable, les autres utilisaient leur temps à mieux s'organiser, et avaient soin d'appliquer strictement les vrais principes sur lesquels repose l'œuvre : la solidarité et la neutralité des secours. C'est ainsi que, pendant la guerre austro-prussienne, les comités de France, d'Angleterre, de Suède, etc., partagèrent avec la plus grande impartialité, entre les Prussiens, les Autrichiens et les Italiens, les secours qu'ils eurent à leur envoyer. Le comité international de Genève le fit, à plus forte raison.

Ce comité, composé en mars 1863, sur la proposition de M. Henry Dunant, qui en devint le secrétaire général, de MM. le général Dufour, président honoraire ; Moynier, président ; des docteurs Théodore Maunoir et Appia, fit tout ce qui était en son pouvoir pour remplir dignement le rôle dont il s'était chargé. Ayant épousé l'idée émise avec tant d'éloquence dans le *Souvenir de Solférino*, il consacra d'abord toute son activité à réunir la conférence de 1863, qui amena à sa suite le traité international, aujourd'hui base réelle de l'œuvre. Après avoir accompli cette tâche épineuse, il ne crut cependant pas le moment venu d'abandonner son initiative. Il resta en communication continuelle avec les comités nationaux formés à son instigation. Pendant la guerre du Danemark, il se fit représenter dans les camps des belligérants par des délégués spéciaux. Cette démarche produisit le meilleur effet sur les parties, et contribua puissamment à asseoir l'œuvre sur de solides fondements. Ces délégués ne furent point accueillis par toutes les autorités militaires avec l'enthousiasme que devait provoquer leur mission humanitaire ; mais nulle part non plus ils ne furent rebutés, et ils surent rendre partout de grands services. Ils reçurent pour instructions : 1° de porter quelques secours aux blessés et de témoigner par là du vif intérêt que prend le comité au sort des victimes de la guerre ; 2° d'étudier, sur les lieux même de leur application, la manière dont se réaliseraient et pourraient se réaliser les décisions de la conférence de Genève. » Les deux délégués nommés par le comité international furent, pour le camp austro-prussien, M. le docteur Appia, et pour le camp danois, le capitaine van der Velde. Arrivé à Berlin, M. le docteur Appia fit la connaissance de plusieurs personnes influentes, qui le reçurent très-amicalement ; mais M. le docteur Grimm, en sa qualité de chirurgien en chef de l'armée, fut beaucoup moins prévenant. Il souleva quelques difficultés à la réalisation de l'œuvre. A Appenrade, M. Appia eut une première conférence avec plusieurs militaires prussiens, qui critiquèrent vivement le principe international de l'œuvre et le principe de la neutralité du service des blessés, et signalèrent les nombreuses difficultés que l'on rencontrerait dans l'application. « Cependant, dit M. Appia dans son rapport, les chirurgiens reconnaissent pleinement l'utilité d'une œuvre complémentaire de celle du gouvernement. Le mécanisme hiérarchique des pouvoirs oblige les chirurgiens et les directeurs des hospices à rendre un compte exact de tous les objets qui sont employés dans leur service. Ce travail de comptabilité est assez gênant à des moments où le travail médical presse et absorbe l'attention : de là l'empressement avec lequel sont généralement accueillis les dons mis par les comités à la libre disposition des hospices. » Le chirurgien en chef de l'armée de Düppel, le docteur Berger, se montra peu sympathique à l'œuvre, sans pourtant conclure rien de contraire aux résolutions de la convention de Genève. Un autre médecin militaire, haut placé, fut plus explicite. Il dit à M. Appia tout crûment : « Nous suffisons parfaitement pour les besoins ordinaires ; nous ne pouvons admettre que des étrangers, qui n'ont rien fait pour nous, viennent critiquer ceux qui ont travaillé toute leur vie pour le bien de l'armée. » A Werterschnabeck et à Kolding, M. Appia put réunir, entre deux batailles, deux conférences improvisées, composées de chirurgiens militaires et civils appartenant aux différents pays de l'Allemagne. La mission du capitaine van der Velde, en Danemark, eut un résultat à peu près analogue ; l'auguste reine douairière de ce pays le remercia les larmes aux yeux d'être venu témoigner de l'intérêt à la nation danoise, dans un moment aussi critique pour elle.

S'il est incontestable, cependant, que la paternité de l'œuvre revient à M. Dunant et au comité de Genève, on ne saurait nier, d'autre part, que le comité central français ne soit un des instruments qui ont le plus servi à sa propagation et au développement de ses forces. S'inspirant de ce génie d'universalisation qui caractérise la France et lui assure un rang si éminent dans le congrès des nations, le comité central français saisit avec empressement l'occasion que lui offrait l'Exposition universelle de 1867, pour donner aux sociétés un élan nouveau et nécessairement fécond.

Il prit deux mesures dont chacune, dans sa sphère respective, amènera un progrès sensible. Il organisa, dans l'enceinte même de l'Exposition universelle, une exposition internationale des objets envoyés par les sociétés de secours de différents pays et par les inventeurs, et convoqua une conférence, également internationale, pour étudier les multiples questions qui se rattachent au but et à la prospérité de l'œuvre. Mais avant de poursuivre l'énumération des actes du comité central français, il nous faut consacrer quelques mots à l'historique de sa formation. Fondé en 1863, avec l'autorisation expresse de S. M. l'empereur Napoléon III, autorisation formulée dans une lettre des plus gracieuses que sa Majesté daigna faire adresser à M. Henry Dunant, ce comité se trouve aujourd'hui sous l'auguste patronage de la famille impériale et compte au nombre de ses membres donateurs ou souscripteurs, avec la famille impériale, LL. MM. le roi et la reine de Prusse, la reine et le roi d'Espagne, le roi de Suède, LL. AA. RR. le prince Oscar de Suède, le prince des Asturies, le prince Humbert d'Italie, etc. Composé des personnes les plus éminentes de la France, il a pour président le général de Montesquiou-Fézensac ; son secrétaire général est M. le comte F. de Rohan-Chabot. Le titre officiel du comité central français est ainsi formulé dans l'art. 1ᵉʳ du décret impérial du 23 juin 1866, qui reconnaît cette fondation comme établissement d'utilité publique : *Sociétés de Secours aux blessés militaires des armées de terre et de mer*. Le but de la Société est, d'après l'art 1ᵉʳ des statuts confirmés par l'Empereur, de « concourir, par tous les moyens en son pouvoir, au soulagement des blessés et des malades sur les champs de bataille, dans les ambulances et les hôpitaux. » Elle se compose de membres fondateurs, qui souscrivent pour une cotisation annuelle de 30 fr., et de membres souscripteurs, dont la quote-part annuelle ne peut pas être intérieure à 6 fr. Les dames peuvent être admises à ce double titre. « La Société adhère aux principes généraux énoncés dans la conférence internationale de 1863 et dans la convention signée à Genève le 22 août 1864. » La haute direction de ses travaux est confiée à un conseil siégeant à Paris, sous la présidence honoraire de LL. EE. les Ministres de la guerre et de la marine. Ce conseil se compose de cinquante membres élus par l'assemblée générale des fondateurs pour cinq ans. Un compte rendu moral et financier de l'œuvre est présenté tous les ans aux membres fondateurs, convoqués spécialement à cet effet, et communiqué à MM. les Ministres de la guerre, de la marine et de l'intérieur. La liste complète des membres du conseil et du comité exécutif se trouve dans les nᵒˢ 1 et 5 de la feuille que le comité fait publier sous ce titre : *Bulletin de la Société de secours aux blessés militaires*. Cette publication a, comme son origine et son titre l'indiquent d'ailleurs, pour but la propagation de l'œuvre. Elle renferme les communications du comité, des renseignements sur les comités provinciaux et étrangers, des articles raisonnés sur des questions qui intéressent l'œuvre, un bulletin bibliographique, des notices, etc.

A peine constitué, le comité prit soin d'organiser des succursales dans les principales villes et communes de France. A cet effet, il adressa des circulaires à tous les conseils généraux des départements, à MM. les commandants de terre et de mer, aux préfets et autres personnes influentes. MM. les Ministres de l'intérieur, de la guerre et de la marine en firent autant, chacun de son côté. Nous avons à mentionner ici le comité de Compiègne, formé par les soins de M. le comte de Bréda, et qui se distingue jusqu'ici par une activité vraiment remarquable, et celui de Lyon, au secrétaire général duquel, M. Léonce de Cazenove, la bibliographie de l'œuvre doit un remarquable rapport sur l'état actuel des sociétés de secours aux blessés.

Quand l'Exposition universelle de 1867 fut décidée, le comité central français, ayant en vu l'utilité qui pourrait résulter pour l'Œuvre si les sociétés de secours aux blessés du monde entier y figuraient «avec leur caractère international», décida de faire les démarches nécessaires pour réaliser cette entreprise. La commission impériale de l'Exposition universelle, ayant accueilli cette idée avec faveur, deux appels furent adressés, l'un aux comités étrangers, l'autre aux inventeurs. Le comité français disait : «..... Il a été décidé qu'un vaste emplacement serait réservé dans l'enceinte même de l'Exposition universelle, à l'œuvre des blessés militaires. Les objets concernant les services hospitaliers en campagne envoyés par différents pays y seront groupés, sans tenir compte, quant à leur classement, des nationalités diverses ; mais chaque objet portera l'indication de son origine. A la fin de l'Exposition, un jury spécial, composé de membres du comité français et des délégués des différents comités étrangers, désignera les objets qui lui paraîtront les plus utiles et les plus conformes au progrès de l'Œuvre. Le comité central français espère que les comités étrangers jugeront, comme lui, que cette exposition ainsi entendue exprimera clairement aux yeux de tous, sous le drapeau de la société, symbole de la suppression des frontières par la charité, la grande idée de notre œuvre et servira très-utilement sa cause. » Dans l'appel aux inventeurs, nous trouvons les passages suivants : « En toute spécialité, les inventeurs sont nombreux. La pratique de chaque jour inspire les plus savants comme les plus humbles. Parfois aussi, la nécessité est la plus ingénieuse des conseillères. Mais aux obstacles qu'ont rencontré les meilleures découvertes pour attirer sur elles un premier regard, on peut apprécier combien en sont restées, pour ainsi dire, mortes-nées dans les mains de l'inventeur découragé, et qui auraient peut-être été une gloire ou un bienfait pour l'humanité. — Pour les inventions qui concernent l'œuvre, il n'en sera pas ainsi désormais : nous leur promettons un examen sérieux et la publicité de notre *bulletin*. Nous ferons plus : pour celles qui ne seront qu'à l'état d'idée, lorsqu'elles présenteront un caractère vraiment pratique, nous nous chargeons de les exécuter. » Il eût été difficile de mieux faire ; et si l'Exposition universelle n'avait point réussi, ce n'est point au comité qu'on aurait pu en attribuer la faute. Heureusement il n'en est rien. L'aspect seul de l'exposition des sociétés prouve que ces appels ne sont pas restés sans échos. Les divers comités s'empressèrent d'y répondre favorablement, et les inventeurs rivalisèrent avec les sociétés pour le nombre des objets envoyés. Tous ces envois furent, avant l'ouverture de l'Exposition universelle, déposés dans une salle que M. Godillot, fabricant des objets de campement militaire et fournisseur unique de l'armée française, voulut bien mettre à la disposition du comité, dans son vaste établissement de la rue Rochechouart. Là ils furent classés, expérimentés, appréciés, avant d'être admis. C'est à M. le comte Sérurier, membre du conseil, commissaire général à l'Exposition, et à son zèle intelligent et infatigable qu'est due en majeure partie l'importance qu'a prise cette exposition spéciale. Nous ne sommes point les seuls à rendre à M. le comte Sérurier cette justice : le rapport du sous-comité, présenté au comité central, sur les préparatifs de l'exposition des sociétés, nous a devancé à cet égard.

La conférence internationale fut convoquée, comme nous l'avons dit, en vue d'étudier les nombreuses questions qui se rattachent au but et à la prospérité de l'œuvre. Le programme élaboré par le comité renferme une série de points de discussion. Les premiers se rapportent à l'amendement de la convention de Genève du 22 août 1864, dont la pratique a démontré l'insuffisance ; d'autres à l'amélioration des moyens de transport et d'enlèvement des blessés du champ de bataille. Le neuvième touche à une question très-délicate, à l'organisation pendant la guerre d'une correspondance suivie entre les sociétés de secours des armées ennemies ; la nécessité d'une telle correspondance a été reconnue généralement. La direction de ces conférences a été confiée par la commission générale des délégués à un bureau dont M. le général duc de Fezensac a été élu président. Pour fournir aux conférences des matières à discussion et pour préparer des études comparatives et critiques sur les objets exposés, trois sections ont été formées au commencement du mois de mai. La première s'est chargée de la partie scientifique ; elle étudie la question des perfectionnements à introduire dans le matériel du service de santé, dans la construction des hôpitaux et des ambulances et dans la manière de soigner les blessés. La deuxième s'occupe de la partie législative de l'œuvre ; elle a déjà élaboré un projet de convention destinée à remplacer celle de Genève, en en comblant les lacunes. Ce projet se distingue surtout par la tendance à faire entrer dans la législation internationale des clauses qui assureraient aux sociétés de secours des droits positifs vis-à-vis des autorités militaires en campagne. La troisième, enfin, s'occupe de questions purement administratives.

En présentant ici ce rapide aperçu de l'histoire de l'œuvre des sociétés de secours aux blessés militaires, nous croyons avoir rendu un juste hommage à son caractère éminemment moral et humanitaire. Il servira en même temps de préface nécessaire aux études qui suivent sur les travaux de la commission générale des délégués.

II

DES TRAVAUX DE LA COMMISSION

Nous nous sommes attaché à démontrer les services que les sociétés internationales de secours aux militaires blessés ont rendu, pendant les dernières guerres, en Europe et en Amérique. Nous avons cherché à étudier leur organisation au moment de l'action. Les conférences internationales, dont nous avons donné le programme dans notre précédent travail, ont eu pour but d'étudier et de trouver les moyens d'introduire dans la législation et dans l'organisation desdites sociétés, les perfectionnements dont l'expérience a démontré la nécessité.

Ces conférences ont eu lieu à Paris, du 26 au 31 août. Elles ont été composées des délégués des divers gouvernements et des représentants des différents pays où l'œuvre a pris racine. En l'absence de M. le général duc de Montesquiou-Fezensac, président du comité central français, ces conférences ont été dirigées par M. le comte Sérurier, commissaire délégué dudit comité à l'Exposition universelle de 1867.

Pour faciliter les travaux de la conférence, les sections composées d'une partie des délégués qui devaient prendre part aux délibérations générales, ont commencé, dès le 7 mai, à étudier les diverses questions spéciales à l'ordre du jour.

Parmi ces questions, la plus importante, sans contredit, était la révision du traité diplomatique de 1864, qui consacre la neutralité des blessés et des malades en temps de guerre, ainsi que celle des divers services de santé.

Sa Majesté l'Impératrice des Français, qui a toujours pris un vif intérêt à l'œuvre des sociétés permanentes de secours aux blessés militaires, a daigné charger leur fondateur, M. Henri Dunant, d'exprimer le désir qu'elle avait de voir étendus aux marines de tous les pays les bienfaits de cette grande institution internationale, si humanitaire et si chrétienne.

Cette généreuse initiative, si digne du cœur de la glorieuse souveraine de la France, a été chaleureusement accueillie par les membres de la deuxième section, chargés de faire un travail préparatoire sur les modifications à apporter au traité de 1864.

La conférence consacra les conclusions du rapport présenté par la section à ce sujet, et décida, comme nous le dirons plus loin, de présenter à la sanction diplomatique des gouvernements ce nouveau développement de l'œuvre, dont le mérite appartient tout entier à Sa Majesté l'Impératrice Eugénie.

La deuxième section[1] avait aussi à s'occuper de l'élaboration d'un manuel chirurgico-médical renfermant les instructions nécessaires aux hospitaliers volontaires, ainsi que les notions pouvant servir à l'emploi du matériel qui aurait été jugé remplir les meilleures conditions.

Les autres questions étaient celles-ci : Pourrait-on considérer comme faisant partie des sociétés de secours les membres du clergé, les corporations religieuses, les chevaliers de Saint-Jean-de-Jérusalem, les chevaliers des ordres teutoniques et de Malte, les médecins, les pharmaciens et les fonctionnaires administratifs? Tout membre d'un comité ne fera-t-il pas partie, de droit, des comités de tous les pays ? Quelle organisation pourrait-on adopter pour une correspondance internationale en temps de paix, et plus encore en temps de guerre, sur terre et sur mer? Quels sont les moyens à adopter pour établir, aussitôt après la déclaration de guerre, dans les quartiers généraux et auprès des commandants de corps, de petits convois conduits par des membres de la Société qui marcheraient avec l'armée et fonctionneraient librement, sans gêner en rien les opérations de la guerre? Enfin, comment parviendra-t-on à distribuer rapidement le matériel des sociétés sur le théâtre de la guerre? Comment sauvegarder la neutralité de ce matériel? Comment subvenir à l'entretien des membres actifs de la Société pendant qu'ils seront à l'armée ?

---

[1] Les membres de la deuxième section étaient M. le comte de Bréda, président ; MM. Lecamus, du comité français; M. Moynier, le docteur Dietz, du comité de Bade; le professeur Gerlt, du comité prussien ; le colonel Huber-Saladin, du comité français ; le docteur baron Mundy, délégué du Ministère de la guerre d'Autriche ; le docteur Piotrowski, du comité français, secrétaire de la section.

Huit séances furent consacrées à un projet de révision de la Convention de 1864. L'ancien texte présentait en effet des lacunes, et, dans certains passages, de l'ambiguïté. La nouvelle rédaction s'est occupée, tout en conservant intact aux auteurs et promoteurs de la Convention de Genève, le mérite de cette création importante, d'éclaircir et de compléter le texte, afin de la mettre en harmonie avec la plus large exécution pratique.

L'importance de ce document nous fait un devoir de le publier tel qu'il a été adopté sur le rapport de l'éminent docteur M. le baron Mundy, délégué du Ministère de la guerre d'Autriche.

TEXTE NOUVEAU.

Convention pour l'amélioration du sort des militaires blessés dans les armées en campagne.

ARTICLE 1er.

Les ambulances, les hôpitaux et tout le matériel destiné à secourir les blessés, seront reconnus neutres, et comme tels protégés et respectés par les belligérants.

ARTICLE 2.

Le personnel des hôpitaux et des ambulances, comprenant les services de santé, d'administration et de transport, ainsi que l'assistance religieuse, participeront au bénéfice de la neutralité.

ARTICLE 3.

Les personnes désignées dans l'article précédent pourront, si elles tombent entre les mains de l'ennemi, continuer à remplir leurs fonctions dans l'hôpital ou l'ambulance qu'elles desservent; soumises à l'autorité de l'ennemi, elles conserveront leur traitement complet. Elles pourront aussi se retirer pour rejoindre leur corps dès que les circonstances le permettront et du consentement des deux partis.

ARTICLE 4.

Les membres des sociétés de secours aux blessés militaires des armées de terre et de mer de tous pays, de même que leur personnel auxiliaire et leur matériel sont déclarés neutres.

Les sociétés pourront envoyer des délégués qui suivront les armées sur le théâtre de la guerre, et seconderont les services sanitaires et administratifs dans leurs fonctions.

Elles auront en particulier le droit d'envoyer un représentant auprès des quartiers généraux des armées respectives.

ARTICLE 5.

Les habitants du pays, ainsi que les infirmiers volontaires qui porteront secours aux blessés, seront respectés et protégés. Tout blessé recueilli et soigné dans une maison y servira de sauvegarde.

L'habitant qui aura recueilli chez lui des blessés sera dispensé, autant que possible, du logement des troupes et de tout ou partie des contributions de guerre.

ARTICLE 6.

Les militaires blessés ou malades seront recueillis et soignés, à quelque nation qu'ils appartiennent.

Tout blessé est déclaré neutre, et devra, s'il tombe entre les mains de l'ennemi, être remis aux autorités civiles ou militaires de son pays, pour être renvoyé dans ses foyers.

Cette restitution s'opérera dès que les circonstances le permettront, et du consentement des deux partis.

Les convois du service de santé, avec le personnel qui les dirige, seront couverts par une neutralité absolue.

ARTICLE 7.

Un drapeau distinctif et uniforme est adopté pour les hôpitaux, les ambulances, les dépôts de matériel et les convois du service de santé. Il devra être, en toute circonstance, accompagné du drapeau national.

Un brassard sera également admis pour le personnel neutralisé ; mais la délivrance en sera laissée à l'autorité militaire. Le drapeau et le brassard porteront une croix rouge sur fond blanc.

ARTICLE. 8.

Les hautes puissances contractantes s'engagent à introduire dans leurs règlements militaires les modifications devenues indispensables par suite de leur adhésion à la présente convention. Elles en donneront l'explication aux troupes en temps de paix, et la mise à l'ordre du jour en temps de guerre. Les commandants en chef des armées belligérantes veilleront à la stricte observation de la convention, et en régleront, à cet effet, les détails d'exécution.

Nos savants collègues nous ayant fait l'honneur de nous charger d'un rapport spécial sur les dernières questions du programme, les plus graves après la révision de la Convention de Genève, nous reproduisons quelques passages de ce travail :

La Convention de 1864 ne fait aucune mention des délégués des comités ni de leur rôle auprès des quartiers généraux des armées belligérantes.

L'expérience a démontré cependant la nécessité d'une reconnaissance formelle de ces agents par les gouvernements et les autorités militaires.

Le droit d'accréditer des délégués auprès des quartiers généraux des armées une fois légalement reconnu aux sociétés, la question d'organiser les petits convois, conduits par des membres de la Société, devient si facile qu'elle se résout pour ainsi dire d'elle-même.

Le délégué de la *Société*, en relation permanente avec le commandant en chef, prend, de concert avec lui, toutes les mesures nécessaires pour l'organisation des petits convois et les pourvoit du matériel nécessaire.

Le comité central organise un dépôt principal durant la paix. Après la déclaration de la guerre et se basant sur les rapports que lui envoie son délégué au quartier général, il fonde d'autres dépôts afférents au théâtre des opérations.

Les dépôts sont pourvus du nécessaire, soit par des envois provenant du dépôt principal, soit par des achats faits sur place. Le comité assure la prompte et exacte arrivée de ses envois à leur destination.

L'etablissement des dépôts se fera par l'acquisition de locaux voisins, autant que possible, du théâtre de la guerre. Indépendamment des dépôts principaux établis dans les centres où siége le comité directeur, la nécessité exigera sans doute la création, sur le théâtre même des événements, d'un grand dépôt central, qui alimentera les dépôts secondaires. Les convois qui accompagneront les différents corps d'armée correspondront avec le dépôt central, soit directement, soit par l'intermédiaire du délégué du quartier général. Il ressort de là la nécessité d'un règlement qui devra fixer d'une manière spéciale les différents rapports des membres du service entre eux. Ce règlement sera variable et dépendra en partie des conditions intérieures des pays auxquels il devra servir, de même que l'extension géographique qu'aura pris la guerre. Lorsque les opérations militaires se feront sur une étendue très-vastes, les secours ne pouront nécessairement pas être centralisés de la même manière que s'il s'agissait d'opérer sur une petite étendue.

Néanmoins, dans les deux cas, le comité central devra être le foyer principal d'où émanera la direction générale des secours.

Le matériel des sociétés sera distribué rapidement, comme cela a eu lieu dans la dernière guerre austro-prussienne. Le matériel contenu dans les dépôts, ainsi que le personnel, seront couverts par le drapeau international. La neutralité donc, et par conséquent l'inviolabilité absolue, sont reconnues de droit par les parties belligérantes.

Ce que nous venons de dire pourra s'appliquer, quoique avec plus de difficultés, aux guerres maritimes.

Le comité central devra posséder un équipage contenant le matériel nécessaire, et qui suivra de près la flotte armée. Le délégué du comité sur mer devra être en relations constantes avec l'amiral commandant en chef, et profiter de ses indications, afin de pouvoir se trouver à temps où le besoin l'appellera. Ce mode d'action ne sera nullement préjudiciable aux intérêts de la guerre ; nous nous en rapportons à l'avis compétent de l'illustre amiral Tegethof.

Il va sans dire que les dépôts principaux aux siéges des comités dirigeants devront être préparés, de même que les infirmiers devront être instruits pendant la paix.

Le comte Sérurier présidait la troisième section [1]. M. le major Staaff, dans un rapport où le bon sens pratique et la force de rai-

---

[1] Les membres de la troisième section étaient MM. le colonel Huber-Saladin, Rouillat, Bowles, de Bethisy, le major Staaff et le docteur d'Ancona, secrétaire.

sonnement prennent à corps les difficultés pour en faire jaillir la
vérité et l'utilité, a attiré l'attention de ses collègues sur un moyen
de garantir le sort des familles de ceux qui, au service du comité,
perdent la vie ou contractent des maladies qui les mettent dans l'im-
possibilité d'agir par eux-mêmes : c'est d'avoir recours aux assu-
rances sur la vie. Ainsi, chaque jour amène de nouvelles découvertes
dans ce champ que l'on croyait si restreint ; les études succèdent
aux études, de nouveaux savants se présentent apportant leur
contingent d'idées, de combinaisons, de perfectionnements.

La pensée généreuse de cette œuvre philanthropique est l'affirma-
tion la plus énergique de notre progrès vers la véritable civilisation.
C'est un renoncement à tout ce que la barbarie avait encore laissé
dans nos mœurs, c'est une protestation contre la guerre elle-même.
Comme l'a dit éloquemment le colonel Huber-Saladin : « les principes d'humanité triomphant, la cause de la philanthropie est victo-
rieuse, mais celle de l'application pratique ne l'est pas ; l'accord
européen et l'accord philanthropique sont en présence de difficultés
qui semblent au premier abord ne pouvoir disparaître qu'avec la
guerre elle-même et ses inévitables horreurs. L'œuvre n'en est que
plus belle, plus utile, plus indispensable ; mais elle ne portera tous
ses fruits que lorsqu'elle sera non-seulement généralement acceptée,
mais encore généralement utilisée et pratiquée. Elle ne sera complète,
européenne, que lorsqu'elle sera élevée à la hauteur d'une œuvre
naturalisée, aussi bien que neutralisée dans le droit des gens, comme
au sein des administrations, des comités de secours et des populations
entières. Ajoutons que l'activité, la persévérance et la popularité de
la presse sont seules capables de porter, d'étendre et de féconder en
haut, au centre et jusqu'au sein des masses, des idées qui doivent
irrévocablement y pénétrer. »

Nous avons effleuré seulement les travaux de la deuxième et troisième section, que nous devrons étudier de nouveau et d'une façon
plus spéciale, lorsque nous traiterons des conférences. Abordons à
présent la première section, qui s'est occupée uniquement de la partie
scientifique, applicable au traitement des blessés militaires des armées
de terre et de mer ; M. le docteur baron Mundy présidait cette section [1].

Il s'agissait, avant tout, de rechercher le meilleur mode de désinfection des champs de bataille, des fossés, des hôpitaux et des ambulances. Le seul moyen reconnu comme véritablement efficace est
d'enterrer à une grande profondeur les cadavres et surtout les chevaux morts, dont la putréfaction, en plein air, présente de terribles
dangers. Sur les observations du comte de Bréda, on s'est demandé
si ce n'était pas prendre une trop grande responsabilité, quand le
transport des blessés, les soins à leur donner, absorbent déjà les forces des agents actifs des sociétés, que d'assumer la tâche d'enlever
les cadavres des champs de bataille et de les inhumer ; mais sur la

---

[1] Les membres de cette section étaient M. le comte Sérurier, le docteur d'Ancona,
le comte de Rohan-Chabot, le comte de Bréda, le baron Larrey, le professeur Curit,
le docteur Chenu, le docteur Craue, le docteur Loeffler, le docteur Lefort, Paul
Binard, le docteur Piotroswki et le comte de Beaufort, secrétaire.

proposition de M. le comte de Rohan-Chabot et de M. le comte Sérurier, on a adopté un article ainsi conçu :

« Vu l'insuffisance, toujours reconnue par l'expérience, des moyens dont disposent les vainqueurs et les vaincus pour la désinfection des champs de bataille, la Société de secours aux blessés militaires offre aux généraux commandant les corps d'armée son concours pour cette œuvre, aussi difficile qu'importante. »

De plus, en considération des observations du docteur d'Ancona et du professeur Gurlt, sur le peu de soins avec lequel son faites les inhumations et les désinfections on a ajouté que les sociétés de secours devront s'approvisisionner de matière désinfectantes, et surtout de caméléon minéral, et se mettre à la disposition des autorités civiles et militaires pour prendre, contre les émanations putrides, toutes les précautions dictées par l'hygiène, afin de préserver les populations environnantes.

Ce point capital étant résolu, on a examiné les voitures pour le transport des blessés. L'une des meilleures était celle de l'américain Howard, à cause de son mode de suspension. Pourvue, en effet, de six ressorts, deux sur les roues, deux sous le plancher et deux en avant de la caisse, elle obviait à tout choc pouvant se produire dans le sens longitudinal, ce qui présente un avantage réel. Cette voiture peut contenir six personnes assises ou couchées, et il y a place pour deux autres auprès du cocher. Une courroie large de 10 centimètres est mise en travers de la caisse de la voiture, de manière à servir de dossier. Deux brancards formant lit sont placés sous le plancher de la voiture, ils glissent sur des rouleaux ; lorsque les malades doivent être couchés, les brancards sont placés dans l'intérieur de la voiture, sur les banquettes.

Quoique cette voiture n'ait pas échappé aux critiques, quoiqu'elle présente bien des défauts et qu'elle exige impérieusement de grands perfectionnements, elle a été regardée comme l'une des meilleures, et la commission a déclaré qu'elle pourrait lui faire de nombreux emprunts pour la confection de son modèle type.

Les autres voitures prussienne (Neuss), américaine (Pérot), autrichienne et française ont été trouvées défectueuses. La voiture suisse a dépassé, sous le rapport de la commodité et de la simplicité, la voiture américaine Pérot. Elle était, du reste, recommandée par l'attention et l'intérêt dont S. M. l'Empereur l'avait honorée lors de sa visite à l'Exposition universelle.

Le problème qu'avait à résoudre la construction des voitures est compliqué et rempli de difficultés ; il faut, en effet, que l'intérieur présente une largéur et une élévation suffisante. La ventilation y doit être complète, le chargement et le déchargement faciles, les points d'appui pour l'introduction du brancard ou lit peu élevés au-dessus du sol, les marchepieds en nombre suffisant. Si l'on joint à cela les qualités essentielles, indispensables de la légèreté et de la solidité, de la douceur et de la suspension, on comprendra que, sur tant de modèles proposés par des gens habiles et experts cependant, pas un n'ait rempli complétement les conditions voulues.

La question des brancards était au moins aussi importante que celle des voitures. Ils servent, en effet, pour l'évacuation des champs de bataille, pour le transport de l'ambulance à l'hôpital ou au chemin de fer et pour le transport du chemin de fer à l'hôpital ; enfin, les services du brancard durant les combats son inappréciables. On a examiné avec le plus grand intérêt le brancard prussien à roues, de M. Neuss, de Berlin (du poids de 51 kilog.). M. le professeur Gurlt a fait ressortir les avantages que présentait la double inclinaison de la partie formant lit, ce qui fait que le haut du corps d'un malade peut être relevé comme s'il était posé sur une pente formée par des oreillers, et que les jambes peuvent être légèrement inclinées vers le sol. D'après le docteur Neudorfer, de Vienne, pendant l'expédition du Mexique, on préférait ce véhicule au cacolet ; car, outre les avantages que nous venons d'énumérer, il est pourvu de très-bons ressorts, peut être traîné avec facilité et met le blessé à l'abri de trop fortes secousses. Il peut être fixé par sa partie antérieure à un fourgon ou voiture quelconque traînée par des chevaux, et comme plusieurs brancards peuvent également être fixés les uns aux autres, il est facile de les diriger sur un point donné. Des infirmiers même ont pu en conduire un certain nombre, les utilisant pour le transport de leurs effets et s'en servant, au besoin, comme moyen de repos. Du reste, ces avantages sont communs à tous les brancards à roues. Il peut être employé sans roues, c'est-à-dire qu'il peut en être dégagé.

Des pieds en avant et arrière s'abaissent et élèvent au-dessus du sol les roues qui sont alors susceptibles d'être enlevées sans peine du brancard. Ce véhicule pèse 51 kilog. et coûte 100 thalers.

Quelque excellent que soit ce brancard, il diffère cependant de beaucoup du système Gauvin, dont le mode de suspension élastique permet d'utiliser les voitures les plus primitives, les charrettes les plus grossières. Son brancard repose sur un principe nouveau.

Il se compose de deux plans horizontaux réunis aux quatre extrémités par des ressorts ronds, dits en cou de cygne, qui donnent une grande élasticité pour l'emballage et le transport facile ; les traverses des deux plans ou cadres sont articulées et permettent le rapprochement des branches longitudinales, de façon que le brancard, qui a une largeur totale de 65 centimètres, est réduit à 12 centimètres. Ce brancard peut être muni de deux roues ; alors les branches longitudinales du plan inférieur s'adaptent avec une grande facilité à un triangle en fer fixé à l'essieu.

C'est donc un brancard-lit à ressorts, approprié à tous les modes de transport et conservant son élasticité avec ou sans ses roues.

Il peut remplir les cinq indications suivantes :

1° Etre porté à bras par deux hommes, comme le brancard ordinaire ;

2° Etre placé dans une voiture quelconque non suspendue, chariot, charrette, etc. Ces voitures de réquisition, qui ont pour avantage d'être appropriées au sol et de se trouver partout quand manquent les voitures d'ambulance, ont aussi pour inconvénients énormes de secouer le blessé et d'amener des complications souvent mortelles. Grâce aux ressorts, le brancard conserve sa suspension et son élasticité ;

3° Servir au transport sur les bateaux, et surtout en chemin de fer ; les quatre ressorts des angles détruisant ou annihilant tout mouvement de trépidation et de cahotement ;

4° Constituer, à l'ambulance, un excellent lit élastique, sur lequel l'homme trop grièvement blessé, transporté du champ de bataille, pourra attendre sa guérison ou subir de nouvelles évacuations sans avoir été transporté d'un brancard à une voiture, d'une voiture à un autre brancard, etc. ;

5° Il peut être mis sur deux roues, si le terrain le permet. Un seul homme suffit alors à un blessé, qui est mollement et doucement voituré.

Les roues sont l'accessoires ; par conséquent, pour 40 brancards, il suffirait de quatre paires de roues.

Le poids de l'appareil est de 32 kilog. 5, sans les roues, et de 54 kilog. 5 avec.

Le prix, de 150 fr. environ, avec les roues.

Avec quelques modifications qui le simplifieront, ce brancard sera un des meilleurs, et la commission a si bien apprécié l'heureuse conception de M. Gauvin, qu'elle a choisi son brancard comme modèle pour les sociétés de secours.

Le transport des blessés sur les chemins de fer a donné lieu à une série d'expériences dans les wagons de la Compagnie de l'Est, afin de savoir comment on pourrait utiliser son matériel existant.

On y a d'abord placé les brancards badois, qui, au moyen de leurs crochets, s'adaptaient parfaitement aux dossiers des banquettes, et les personnes étendues dessus n'éprouvaient aucun mouvement incommode pendant la marche. Elles trouvaient seulement qu'elles n'étaient pas suffisamment assujetties ; une forte secousse les aurait infailliblement fait tomber du brancard. Une ou deux courroies seraient une garantie complète contre de tels accidents.

Ce premier essai a amené l'examen des divers moyens de transport, et entre autres des hamacs de vaisseau suspendus au plafond des wagons de marchandises.

La première difficulté qu'on a trouvée, dès le commencement de ces expériences, a été que les plafonds des voitures n'étaient pas assez solides pour pouvoir supporter le poids au moyen des crochets. Quoique les secousses elles-mêmes fussent très-minimes, le mouvement latéral des hamacs faisait éprouver aux blessés un malaise analogue au mal de mer.

On a essayé, après, de changer le mode de suspension, mais sans plus de succès.

On a adopté alors le système le plus simple, c'est-à-dire qu'on a couvert le plancher de la voiture d'une couche épaisse de paille, sur laquelle on a placé des paillasses munies d'anses, afin d'effectuer le transport au moyen de perches latérales, de l'hôpital au chemin de fer, et de là, après l'arrivée du train, à un nouvel hôpital. Il existe en Prusse une instruction sur le transport des blessés par les chemins de fer, indiquant le système susmentionné et prescrivant de placer, dans une seule voiture de marchandises, huit blessés ou malades couchés, trois en avant, trois en arrière et deux dans le milieu de la voiture, de sorte qu'il reste une place pour l'infirmier accompagnant la voiture et pour les appareils qui lui sont nécessaires.

Le transport des blessés à bord offre ceci de spécial, que, jusque aujourd'hui, il n'y a pas, dans une batterie armée, de voie spéciale réservée pour la circulation ordinaire des blessés et de ceux qui les portent, depuis le point où les premiers ont été frappés jusqu'à celui où les médecins doivent les attendre. C'est à travers les manœuvres de l'artillerie, parfois même sur le pont et dans les batteries supérieures des grands bâtiments, à travers les séries nombreuses des hommes qui manœuvrent les grands apparaux de la mâture, que doivent se glisser les porteurs chargés de pourvoir à l'enlèvement des blessés. Tous convergent vers un point, toujours le même jusqu'ici, le grand panneau, c'est-à-dire la seule ouverture pratiquée au pont des batteries correspondant supérieurement et intérieurement avec tous les étages voisins du bâtiment. Ce panneau, situé d'ordinaire à la réunion des deux tiers antérieurs avec le tiers postérieur de la longueur du navire, est de·dimensions plus ou moins vastes ; en général il doit, sur les grands bâtiments, pouvoir laisser passer de front deux cadres (de la taille des cadres réglementaires de malade, *type exposé*). Ceux-ci sont suspendus au croc d'un palan qui a son point fixe sur le pont, et permet de descendre le cadre jusque sur la plate-forme de la cale, par une manœuvre analogue à celle que l'on emploie d'ordinaire pour un seau d'eau dans un puits.

Le cadre réglementaire et diverses chaises ou fauteuils, dont le dessin et les dimensions exactes ont été fournies par M. J. Rochard, médecin en chef de Lorient, sont jusqu'ici les seuls spécimens proposés et usités dans la marine. Il n'existe aucun modèle réglementaire de brancard pour le transfert dans les batteries, et les blessés y ont toujours été portés à main nue ; du reste, ce dernier appareil serait peu pratique, embarrassant et presque toujours laissé de côté.

Jusqu'ici le transport se fait par suspension et descente verticale, à travers un brancard haut et ouvert dans toute la hauteur du navire. Or, voici quelles sont les objections à ce système.

Le cadre réglementaire adopté le plus généralement pour le transport des blessés pendant le combat, malgré l'avantage qu'il offre comme appareil d'usage journalier, a l'immense inconvénient d'être *encombrant* et surtout *instable*. Trop large pour empêcher le blessé de se déplacer latéralement, il peut exécuter des oscillations très-amples sur son axe longitudinal et déverser par côté le malade qui y est déposé (exemple, au combat du 17 octobre 1854, vaisseau amiral *la Ville de Paris*). Il est d'une manœuvre délicate ; car s'il est arrêté par un point quelconque dans sa descente, il expose le blessé à une chute affreuse ; ou bien, si celui-ci y a été fixé par transfilage (opération très-longue), à des soubresauts très-douloureux. Le fauteuil est plus léger, plus commode, surtout applicable aux bâtiments à panneaux droits, et permet de donner une meilleure position au blessé, celle de la résolution générale du corps entier ; mais c'est un appareil spécial, non encore réglementaire et sujet lui-même à des oscillations étendues et à des chocs pénibles pendant son trajet à travers l'excavation du panneau.

Le vice radical de ce mode de transport est la suspension et, par conséquent, la dépendance forcée des différentes batteries, en ce qui concerne l'enlèvement des blessés, et l'ouverture nécessaire d'un vaste espace au milieu du bâtiment et dans toute sa hauteur, excavation toujours béante, aussi préjudiciable à la santé de ceux qui sont chargés de les y diriger ; car cet espace est facilement accessible à tous projectiles, débris, corps vulnérants variés qui sillonnent les batteries pendant le combat, et dont le danger s'accroît encore ici.

Parlons maintenant de l'action de la pesanteur agissant sur eux, dans leur chute, depuis les étages supérieurs et des réflexions successives contre les parois de ce puits véritable, dont l'effet nécessaire est de faire converger tous ces corps vulnérants sur la plate-forme de la cale. Or, c'est là l'ambulance, là qu'on enlève les blessés de leurs cadres, là que se tiennent tous les hommes chargés de concourir à l'opération délicate qui réclame du sangfroid et une grande attention, incompatibles avec les dangereuses complications dont ils sont incessamment menacés.

Enfin, il est bon de le remarquer, cette disposition fait perdre une place considérable. Non-seulement l'aire du panneau est condamnée, mais ses abords encombrés par les quatre hommes chargés de veiller au passage du cadre, de le débrader, de l'empêcher de s'engager pendant les roulis sur les rebords des panneaux successifs, contre lesquels il passe. Ces hommes eux-mêmes gênent la manœuvre des pièces voisines, et l'armement de celles-ci est privé d'un développement souvent indispensable à la rapidité de leur tir.

Le principe sur lequel repose le procédé nouveau a pour but :

1° De restreindre l'action vulnérante des projectiles ou objets divers mus par le choc de ces derniers ;

2° D'augmenter l'espace nécessaire à la manœuvre de l'artillerie et des blessés, tout en supprimant à jamais les panneaux béants au milieu d'une batterie, véritables gouffres, sans cesse menaçants pour la circulation nécessairement rapide du combat ;

3° D'assurer à chaque batterie et au pont une indépendance complète pour l'enlèvement de ses blessés, manœuvre jusqu'ici forcément compliquée par l'embarras résultant d'un seul ou de deux de ces cadres au plus, devant pouvoir servir aux blessés de trois ou quatre étages différents du navire.

Les avantages que procure cette nouvelle manière de procéder sont :

En résumé, occlusion des panneaux de chaque batterie, immobilisation complète du blessé, réduit à une passivité absolue pendant tout le transfert ;

Utilisation, pour répondre à ces indications, d'un matériel réglementaire que le combat rend temporairement inutile et que de très-légères modifications permettent d'approprier au transfert des blessés.

Chaque panneau dans chaque batterie sera fermé par des grilles à l'épreuve du choc rasant du boulet, grilles analogues à celles dont on recouvre les machines, dont une partie serait mobile et convertie en un panneau de dimensions exactement appropriées au volume du blessé qui devra le traverser, et comme conséquence, suppression absolue de la suspension comme mode de transmission des blessés.

Celle-ci sera remplacée par le glissement sur un pan incliné à 30°, tout à fait analogue à celui adopté dans les manœuvres d'incendie, le transport des marbres, briques et autres objets fragiles employés dans la construction. Nous ne pouvons nous appesantir sur les détails techniques de l'examen des trousses, des instruments et des tables d'opérations de campagne. Nous mentionnerons seulement les conclusions du rapport du docteur Gurlt: la table américaine est la plus simple; celle de M. Fischer est d'une utilité incontestable; celle de M. le docteur Tubold paraît être la plus parfaite.

Le rapporteur n'est pas partisan de l'espèce de trousse, fort en vogue dans la coutellerie française pendant ces derniers temps, qui contient des instruments de toutes sortes, se démontant et se montant avec un grand nombre de lames tranchantes sur un seul manche, ou d'instruments mousses, se combinant entre eux de différentes manières. Selon son opinion, il vaut mieux avoir dans les trousses une quantité d'instruments moindre, qui soit d'une efficacité assurée, que d'avoir un grand nombre de lames dont le tranchant est nécessairement gâté par le fait du transport, et de ciseaux qui se démontent, et dont le repassage est plus difficile et moins certain qu'avec le système ordinaire. Il est préférable d'avoir toutes les lames fixées à des manches, ou si l'on veut deux lames fixées à un seul manche.

Le rapport de M. Gurlt, en rendant justice à nos ouvriers, semble être plus favorable aux fabricants prussiens. Quant aux boîtes qui sont contenues dans les havre-sacs et les sacoches d'ambulances, le système employé en France, et qui consiste en boîtes solides avec des instruments à manches fixes, ne laisse rien à désirer et est à la hauteur de la renommée de M. Charrière qui les a inventées. Laissons à M. le baron Mundy le soin d'exposer ses idées relativement à la construction des hôpitaux des champs de bataille :

« Le transport d'un matériel suffisant pour les hôpitanx de campagne est impossible. Les convois, dans l'état ordinaire des choses, absorbent beaucoup de ressources qui pourraient avoir d'utiles destinations. Ils encombrent les routes et gênent souvent la marche d'une armée en retraite ; de plus, ils manquent presque toujours lorsque le besoin s'en fait sentir. Les sociétés de secours doivent venir en aide à l'administration militaire et la mettre à même de diminuer de moitié l'importance de ses convois.

» Les sociétés elles-mêmes ne doivent pas avoir un matériel trop grand. En suivant l'armée, elles prépareront les populations aux sacrifices qu'impose la charité dans les désastres de la guerre ; elles chercheront à rassembler sur les lieux les lits nécessaires, ou en feront construire à l'improviste d'après un système qui permette une fabrication immédiate ; elles devront, au moyen des chemins de fer, se procurer le plus grand nombre possible de matelas, de paillasses, enfin, tout ce que les localités ne fournissent pas en quantité suffisante. L'action des sociétés devra être incessante à ce point de vue; car il ne suffit pas de satisfaire aux tristes conséquences des batailles, il faut à tout instant combattre les ravages de la maladie dont les victimes sont bien plus nombreuses que celles des armes.

Ainsi, le docteur Chenu nous apprenait, dans une de nos séances, qu'avant la journée de Montebello (1859), sur 30,000 soldats il y avait 10,000 malades, et pourtant il n'y avait pas encore eu un coup de fusil de tiré.

» Les sociétés doivent avoir des dépôts d'ambulance dans les pays voisins du théâtre de la guerre. Les bâtiments publics, les entrepôts, les gares de chemin de fer, etc., etc., pourront être convertis en hôpitaux. On établira des tentes-baraques, en choisissant de préférence des positions qui fournissent de bonnes eaux et autres conditions hygiéniques, et dont l'accès soit facile. On prendra toutes ces dispositions sans consulter les généraux d'armée, qui béniront les sociétés lorsqu'après l'action elles leur fourniront les moyens d'adoucir le sort des victimes.

» Quelle que soit l'activité de l'administration militaire, les sociétés doivent travailler sans relâche, car les secours qu'elles pourront offrir seront toujours les bienvenus.

On a beaucoup écrit et discuté sur la question des tentes et des baraques.

À mon avis, les tentes offrent de tels inconvénients, que c'est le dernier abri auquel il faille avoir recours; les dimensions en sont forcément restreintes, ou les difficultés de transport que présentent les tentes de grandes dimensions sont très-graves, et pourtant celles-ci seules sont admissibles.

» La terre sur laquelle la tente est plantée présente de graves inconvénients par l'humidité qui s'y entretient, par les émanations qui s'en exhalent. La propreté y est donc impossible, la ventilation forcément défectueuse; il en résulte que la gangrène s'y développe facilement. Un médecin en chef préconisa le système des tentes et le fit adopter; d'autres médecins en chef constatèrent que la mortalité y était plus grave que partout ailleurs.

» Mon avis est que le principe de la tente doit être combiné avec celui des baraques, c'est-à-dire que l'on doit former des abris au moyen de baraques convenablement orientées, et fermées ou pouvant être fermées à une de leurs extrémités par des toiles imperméables formant rideaux, de manière à pouvoir établir toujours une bonne ventilation et à y faire pénétrer des rayons de chaleur et de lumière.

» Le sol doit porter un plancher solidement fixé, de manière qu'en marchant dessus on n'imprime jamais de mouvement aux lits des blessés; car dans des baraques où cette condition n'était pas remplie, les malades gémissaient chaque fois que l'on y faisait un pas. C'est un fait que je puis attester par expérience.

» Le système de baraque-tente a été employé très-utilement par l'armée prussienne, en Bohême. »

Comment doivent être construites les tentes à deux parois s'ajoutant bout à bout? Elles forment, dit le docteur Crane, un excellent abri pour les malades. A sa connaissance, 15,000 soldats ont été soignés dans les meilleures conditions sous de pareilles tentes. Il considère les baraques comme étant inférieures à ce genre d'abri, mais il fait ses réserves au point de vue du climat. Les baraques-tentes, en effet, sont meilleures pour les climats froids et humides, mais pendant la saison d'été, les tentes formant pavillon réunissent toutes les conditions désirables d'espace et de ventilation.

La tente ne peut pas être utilisée en hiver ; et dans ce cas elle est remplacée par la baraque-tente, même par la maison. En été, la baraque est toujours plus avantageuse que la tente. Le docteur Ring croit que les plus mauvaises maisons sont préférables aux tentes. La contagion, en effet, infecte une tente aussi bien qu'une maison.

On ne peut y régler la température, et il y fait trop chaud ou trop froid. On a donc étudié les diverses tentes qui sont usitées en Europe et en Amérique, mais en constatant qu'on ne devait y avoir recours que dans les cas extrêmes. La composition de la liste des médicaments (1) et des appareils les plus indispensables aux blessés et le choix qu'on a dû faire d'un havre-sac d'ambulance, présentent trop de détails arides pour que nous nous permettions de nous livrer à une fastidieuse énumération, nous préférons attirer l'attention sur le système d'organisation proposé par le baron Mundy pour le personnel des infirmiers allant sur le champ de bataille.

Selon lui, le personnel accompagnant chaque médecin sur le champ de bataille doit se composer de cinq hommes pendant la clarté du jour et de six quand l'obscurité commence à se répandre. Le personnel doit être le moins chargé possible ; car son fardeau principal sera le blessé qu'il va chercher. Le premier infirmier portera un brancard ; le deuxième, quelque chose comme un havre-sac, mais plus petit, une espèce de giberne renfermant les objets strictement nécessaires pour un premier pansement ; le troisième, un second brancard ; le quatrième, une seconde giberne ; le cinquième, un bidon, et le sixième, une lanterne en torche.

La giberne doit contenir de la charpie, du diachylon, des ciseaux, une pince et des éponges.

Le chirurgien est toujours muni de sa trousse, il doit être suivi d'un homme porteur d'un havre-sac.

Mais ce n'est pas tout : cette sollicitude pour le blessé, quelque admirable qu'elle soit, ne peut pas encore suffire ; ce n'est pas assez de soigner les blessés, encore faut-il songer au soldat mutilé. Cette pensée, dit M. le comte de Roan-Chabot, a sans doute germé dans l'esprit de bien des membres.

Les ressources pécuniaires n'étant pas encore au niveau du bien que l'œuvre est appelée à faire, personne n'a jusqu'ici osé traiter cette question. Quant à lui, il espère que dans un temps peu éloigné, cette idée philantropique se réalisera ; il ose même espérer plus encore : un jour, peut-être, tous les blessés *militaires et civils* seront l'objet d'une égale sollicitude de la part des sociétés de secours. Aujourd'hui, il se renferme complétement dans les limites de la proposition adressée à la section ; car l'extention qu'il voudrait y donner dépasse les limites de la constitution actuelle de l'œuvre ; mais elle pourrait être la base d'une société annexe, qui fonctionnerait pendant la paix et ferait une heureuse diversion aux idées tristes que fait naître la guerre. Elle aurait pour les sociétés de secours l'immense avantage d'entretenir leur vitalité ; car on ne peut pas toujours se préparer à

---

¹ Rapport de MM. le docteur d'Ancona et le docteur Piotrowki.

remédier aux maux de la guerre. Après les grands travaux d'organisation et de perfectionnement du matériel, l'esprit qui a présidé à tout cela ne peut être qu'à l'état latent ; il ne faut pas que les sociétés de secours soient comme une menace de guerre, même pendant la paix la plus profonde, la plus assurée; il faut qu'elles se donnent un rôle actif pendant la paix ; leur existence est à ce prix.

Le résultat de la discussion a été la présentation, par M. le baron Mundy, de la nouvelle rédaction de l'article 9 du programme :

« Pour les invalides, les sociétés de secours aux blessés des armées de terre et de mer sont invitées à donner leur opinion sur la nécessité et l'opportunité de la construction des hôpitaux de district dans les provinces ou départements, ainsi que des petites maisons de retraite. »

M. le docteur Mundy qui, dans la dernière guerre, a soigné des milliers de blessés, de malades, a donné un aperçu des instructions relatives au rôle que doivent avoir les médecins des sociétés de secours lorsque les troupes sont en marche, lorsqu'elles sont sur le champ de bataille, et lorsqu'elles sont victorieuses ou qu'elles battent en retraite.

Ce rôle nous inspire un légitime orgueil, nous marque le progrès que la civilisation a fait faire à la noble profession de médecin, et lui donne désormais une mission nouvelle, celle de représenter la philantropie en temps de paix et d'en être l'âme virile en temps de guerre.

1° Quand les troupes sont en marche, les médecins des sociétés doivent, autant que cela leur est possible, surveiller la santé du soldat en lui faisant donner des aliments ou des boissons réclamés par les circonstances. Ils doivent s'efforcer d'acquérir quelque influence sur les chefs pour empêcher que la limite des forces du soldat soit dépassée ;

2° Pendant la bataille, les médecins et les membres de la Société doivent porter, sur le lieu de l'action, tout ce qui peut être utile aux blessés. C'est le poste qu'il convient d'assigner principalement aux jeunes gens, dont l'attitude égale l'enthousiasme et le dévouement. Les personnes destinées à relever les blessés doivent être au nombre de huit, afin de pouvoir se remplacer ; autrement la fatigue, jointe aux impressions de leur pénible mission, engendreraient bientôt le découragement ;

3° Quand les soldats quittent le champ de bataille, ceux qui sont légèrement blessés doivent suivre les médecins et jouir de la neutralité ; car toute blessure peut devenir grave, et on sait, par l'expérience, que sur 2,000 blessés, 50 à peine sont en état de reprendre les armes au bout de six semaines.

Terminons cet aperçu des travaux de la première section par le rapport du savant président Mundy, sur les préparations alimentaires. Les points à traiter étaient ceux-ci :

1° Quels sont les objets à emporter en campagne par les sociétés, dans la prévision de nourrir et rafraîchir les malades et les blessés?

2° Quels objets devront-elles acheter sur le théâtre de la guerre ou sur place, pour les tenir à leur disposition et à celles des intendances et des médecins?

3° Quels sont les mets extra qui se recommandent particulièrement à l'attention des sociétés?

Il faut mettre en première ligne l'extrait de viande en grandes quantités, l'extrait de café et de lait avec du sucre, après quoi il faut ranger immédiatement les vins et les liqueurs comme boissons.

« Si, dit le docteur Mundy, le grand problème, dont la solution se fait toujours attendre, c'est-à-dire la conservation des viandes sèches, consistantes, non salées, pouvait être résolu, cette nourriture devrait jouer le premier rôle dans le système alimentaire des sociétés. Il est à déplorer que l'Exposition actuelle n'ait donné encore que des résultats négatifs sur cette question.

» A mon avis, il ne serait guère en dehors de la tâche que les sociétés doivent poursuivre de publier la promesse d'une forte prime pour la découverte de viande conservée, se prêtant à la cuisson rapide, ou d'un hachis sec ; mais tant que cette découverte ne sera pas faite, on comprendra sans peine que l'extrait de viande ou le bouillon doit nous servir de compensation pour l'absence de la viande solide. Le biscuit brut, mais bien cuit, ne doit pas non plus manquer dans l'assortiment régulier. Toutes sortes de volailles conservées, venaison, sauces extra, potages, chocolats, sagou, citrons et oranges, fruits à l'eau-de-vie, sucs de plantes, liqueurs fines, eaux gazeuses et toutes sortes de vins fins, y compris le champagne et autres *délicatesses*, font partie des extra et ne sont admissibles sur le terrain de la guerre qu'en quantité limitée, pour ménager l'espace destiné aux objets indispensables. Je dois faire observer d'abord, par rapport au régime extra, que le bon vin rouge de Bordeaux, les vins fins du Rhin et d'autres bons vins blancs ne seront pas rangés parmi les extra de luxe; car ces objets font quelquefois plus de besogne que le médecin le plus habile près du lit des soldats mutilés, ainsi que du général languissant sous le poids de ses blessures.

» Le régime des malades, partant celui des blessés, est aujourd'hui très-simple, conformément aux lois de la diététique ; il est même très-nourrissant, surtout pour les convalescents ; il s'ensuit que, sur le théâtre de la guerre, les sociétés auront assez souvent à s'approvisionner elles-mêmes pour leur cuisine, et à faire dès lors des achats d'articles d'alimentation, que l'on n'emportera pas, à mon avis, pour ne pas encombrer le train. Je compte parmi ces articles toutes sortes de viandes fraîches et de pain, beurre, graisse, légumes verts, œufs, sel et farine. Les légumes secs, le thé et un peu de viande salée sont néanmoins admissibles en toute circonstance. Par le menu journalier que je prends la liberté de vous soumettre, vous allez voir de quelle manière je tâche de résoudre la question. Comme règle générale, on donnera le matin aux malades du café, du bouillon, du lait ou du thé, un demi-litre par portion et par tête, avec du pain au lait ou pain de seigle par rations de 1/8 de kilogr. chacune. Les grièvement blessés, inférieurs, recevront deux heures après une tasse de bouillon ou de vin ; à midi, un litre de bouillon, 250 grammes de viande de bœuf, garnie de légumes variés, du riz, des pommes de terre, des entremets ou des pâtés de fruits ; pour le souper, du bouillon ou potage avec rôti de veau ou de bœuf, des côtelettes, etc., 250 grammes par tête et par ration. Les repas pris irrégulièrement ont pour effet de troubler l'appareil de digestion, et les sociétés feront bien de défendre rigoureusement toute nourriture prise en dehors des heures régulières; par contre, les grièvement blessés ne doivent pas manquer d'un plat fin de temps à autre. Une des tâches des sociétés serait encore, à l'avenir, de se procurer de bons cuisiniers; car pour établir un bon régime d'hôpital selon la diététique, il ne suffit pas d'acheter ce qu'il faut, il s'agit encore, et surtout, de la manière de le préparer. Il est sous-entendu, au reste, que ce régime ou le menu du jour subira des changements suivant le pays, les mœurs, les coutumes et l'éducation des individus en question. Vous n'oublierez jamais aussi de prendre en considération les produits du pays et des villes où se trouve le théâtre de la guerre.

» Enfin, permettez-moi, Messieurs, de vous recommander, après la glace qu'il faut emporter dans la voiture avec un appareil « Carré, » un certain poison, que l'on nomme tabac, qui n'est ni directement, ni indirectement un article d'alimentation, mais qui est une plante adoptée par les mœurs et en même temps un calmant contre les soucis et les douleurs pour presque tous nos guerriers. Ainsi, il ne faut pas oublier dans notre assortiment, le tabac, qui forme un article extra indispensable. »

Après les blessés, les prisonniers.

A ce sujet, nous laisserons la parole à M. Henry Dunant qui, dans un nouveau travail présenté aux conférences internationales, s'est fait le défenseur de ces infortunés trahis par le sort des armes, après avoir été l'apôtre de l'œuvre générale en faveur des victimes de la guerre :

« Le prisonnier de guerre devant être aux yeux des comités de secours, qui constituent une *institution de charité internationale*, un personnage neutre auquel ils doivent leur protection, sera l'objet d'une sollicitude égale de la part des comités de son pays et de ceux qui fonctionnent dans la contrée où il est retenu.

» La nature même des choses fait que les premiers soins que le prisonnier pourra obtenir lui parviendront de la part des comités du pays contre lequel il aura combattu; de cette manière il y aura entre les comités des nations belligérantes un échange mutuel de services rendus à des nationaux prisonniers, qui se compenseront plus ou moins. Si toutefois le comité d'un pays en guerre voulait faire parvenir des secours directs à ses compatriotes en captivité, le meilleur moyen à employer serait de le faire par l'intermédiaire de la société de secours du pays où ces derniers se trouvent.

» Ce moyen de faire parvenir des secours aux nationaux prisonniers est sans contredit le meilleur et celui qui présente le moins de difficultés. Un envoi par l'intermédiaire des gouvernements en guerre entraînerait des formalités et des lenteurs sans fin, dans le cas même où il serait praticable; il est cependant de notoriété publique que les gouvernements belligérants évitent toutes relations directes et immédiates entre eux: il faudrait donc recourir aux bons offices d'une puissance neutre, ce qui ne contribuerait en rien à accélérer et à simplifier l'opération.

» Ce moyen écarté, il resterait celui qui a été employé par le comité autrichien pendant la dernière guerre d'Allemagne; il consiste à recourir à l'intermédiaire d'un représentant d'une puissance neutre pour faire passer des provisions et de l'argent de comité à comité. Mais un intermédiaire entre deux comités qui font tous deux partie d'une association internationale de bienfaisance, est-il bien utile? N'est-il pas plus simple de s'en passer, puisque cela épargne du temps et des difficultés ? Pendant la guerre de 1866, les comités de France, d'Angleterre et des autres pays neutres n'ont-ils pas su faire parvenir aux comités prussien, autrichien et italien les secours qu'ils avaient à leur adresser? Or, si les comités des pays neutres peuvent se mettre en relation directe avec les comités des nations en guerre, pourquoi les comités des pays belligérants n'en pourraient-ils pas faire autant ? Les communications commerciales en temps de guerre, de nos jours, ne sont jamais interrompues au point de rendre ce genre de relations impossible. Ayant donc à résoudre principalement cette question :

» Proposer le meilleur mode de faire parvenir aux prisonniers des secours en argent et en nature : nous formulons notre réponse comme suit.

» Les secours en argent et en nature, destinés par un comité à ses nationaux prisonniers en pays ennemi, doivent être adressés directement au comité ou à la société de secours du pays où les destinataires se trouvent.

» Nous espérons que ce moyen, le plus simple et le plus pratique, sera généralement adopté. Mais nous croyons devoir déclarer, encore une fois, que l'humanité et la civilisation imposent avant tout aux gouvernements le devoir de soigner, protéger et héberger convenablement les prisonniers de guerre. »

Les moindres détails, on le voit, ont été l'objet de recherches, d'études et d'efforts auxquels, nous en sommes convaincu, l'humanité réserve une récompense plus glorieuse, plus durable et plus belle que celle que les conquérants et les plus grands capitaines ont acquise au prix de tant de sang et de tant de larmes.

Les anciens faisaient de leurs prisonniers des esclaves; nous soignons les blessés ennemis, et nous traitons humainement les prisonniers. Il y a 50 ans, pour un Anglais, un Français, fût-il mourant, était toujours un Français ; aujourd'hui, la haine nationale disparaît devant le dogme réparateur de l'humanité, et les sociétés de secours, dans leur charité chrétienne, ont pu persuader les gouvernements, s'assurer leur aide, leur appui, et faire envisager sous un nouvel aspect, non-seulement le sort des blessés ennemis, mais encore celui des prisonniers de guerre.